Oscar Montelius

Antiquites Suedoises

Oscar Montelius

Antiquites Suedoises

ISBN/EAN: 9783741176746

Manufactured in Europe, USA, Canada, Australia, Japa

Cover: Foto ©Thomas Meinert / pixelio.de

Manufactured and distributed by brebook publishing software
(www.brebook.com)

Oscar Montelius

Antiquites Suedoises

ANTIQUITÉS SUÉDOISES,

ARRANGÉES ET DÉCRITES

PAR

OSCAR MONTELIUS,

DESSINÉES

PAR

C.-F. LINDBERG.

I.

— ◆ ◆ —

STOCKHOLM. 1873.
P. A. NORSTEDT & SÖNER.
IMPRIMERIE ROYALE.

L'ÂGE DE LA PIERRE.

Nous ignorons encore l'époque où la Suède reçut ses premiers habitants, de même que la race à laquelle ils appartenaient. Nous savons seulement avec certitude, que la Suède est peuplée depuis plusieurs milliers d'années, et que ses populations primitives n'avaient aucune connaissance des métaux. Leurs armes, leurs instruments, leurs outils étaient en silex et en os. Aussi, cette première période de l'histoire de la civilisation suédoise a-t-elle été nommée l'*Age de la pierre.*

En Suède, cette période finit environ trois mille ans avant nos jours, mais il est d'autres contrées, telles que les Iles du Pacifique et les régions polaires du continent américain, où l'homme a vécu jusqu'aux temps modernes en plein âge de la pierre. C'est grâce à l'étude des armes et des outils de ces peuplades, que nous avons appris l'usage de presque toutes les antiquités en pierre trouvées dans le sol de la Scandinavie.

L'examen des "kjökkenmöddings" (amas de débris culinaires) du Danemark, nous a fourni de précieuses données sur le genre de vie des hommes du premier âge de la pierre (l'âge de la pierre taillée). Les habitants primitifs vivaient des produits de la chasse et de la pêche. Les "kjökkenmöddings" contiennent des quantités énormes de coquilles d'huîtres, de cardiums (sourdons), et de moules, mêlées aux os d'animaux, brisés et fendus pour l'extraction de la moëlle, aux restes d'oiseaux et de poissons. Le chien était le seul animal domestique. Au milieu des débris culinaires, on rencontre des foyers encore couverts de charbons, de fragments de poterie et d'outils en silex taillé et en os, spécimens d'une industrie très-primitive.

Jusqu'ici, l'on n'a pas trouvé de "kjökkenmöddings" en Suède, et le nombre des antiquités suédoises appartenant à cette première époque (voir les figures 10, 11, etc.) est très-restreint. Aussi n'avons-nous pas séparé ces pièces des figures représentant les monuments de la seconde époque, de l'âge de la pierre polie.

Les explorations récentes des dolmens du Vestergötland (Vestrogothie) ont montré que presque tous les animaux domestiques, le boeuf, le cheval, la brebis, la chèvre (?), le cochon et le chien, étaient connus en Suède avant la fin de l'âge de la pierre. L'agriculture était-elle aussi connue? Nous ne saurions pour le moment répondre à cette question. Cependant, les trouvailles faites dans les anciennes habitations lacustres de la Suisse, prouvent que l'agriculture est *possible* sans la connaissance des métaux.

Les tombeaux de l'âge de la pierre, les dolmens (suédois *dösar*), les chambres de géant (suéd. *gånggrifter, jättestugor*), les grandes cistes en pierre (suéd. *hällkistor*), se trouvent en grand nombre dans les provinces méridionales de la Suède, au sud des grandes forêts du Tiveden et du Kolmården. Les dolmens sont des tumuli ou des monticules artificiels, dont le centre est occupé par une ou plusieurs chambres sépulcrales, formées de grands blocs de pierre, couvertes d'énormes dalles, et quelquefois précédées d'une galerie ("allée couverte, chambre de géant"). Parfois elles sont entourées d'un ou de deux cercles de pierre dressées. Les tombeaux de cette espèce n'existent que dans les provinces de Skåne (Scanie), de Halland, de Bohuslän, de Vestergötland et dans l'île d'Öland. Les grandes cistes en pierre, construites de dalles très-minces, et sans galerie, se rencontrent dans les provinces de Smäland, de Vestergötland, de Bohuslän, de Dalsland et dans la partie SO. du Vermland.

Ces tombeaux forment souvent des groupes très-considérables, comme par exemple dans le voisinage de la ville de Falköping en Vestergötland. Cette circonstance et le travail énorme qu'exigeait leur construction, indiquent des habitations fixes, les rudiments de relations sociales et la croyance à une vie future.

On connaît à présent au moins 35,000 antiquités en pierre trouvées en Suède (des types représentés par les figures données plus loin); non compris une quantité considérable d'éclats de silex. Plus de 33,000 pièces appartiennent aux provinces du Götaland. Nous ferons observer, cependant, que quelques-uns de ces objets ont été employés après la fin de l'âge de la pierre.

Nous ne pouvons fixer ni l'époque du commencement, ni celle de la fin de cette période en Suède. Mais tout indique que l'âge de la pierre a duré longtemps. On le voit, en comparant les objets grossiers des "kjökkenmöddings" et les travaux magnifiques de la fin de la période.

Les habitants de la Suède s'étaient sans doute élevés au-dessus de l'état sauvage avant la fin de l'âge de la pierre; mais, tant qu'ils manquèrent de la connaissance des métaux, il leur fut impossible d'acquérir une culture réelle. Enfin, l'introduction des métaux vint inaugurer une ère nouvelle, même dans les contrées éloignées de la Scandinavie, et l'usage du bronze et de l'or, les premiers métaux employés, donna naissance à *l'Age du bronze*.

STENÅLDERN.

1. Knacksten af granit. Bohusl. ¹/₃.

2. Flint-span. Sk. ¹/₂.   3. Flint-kärna. Sk. ²/₃.   4. Brynsten af skiffer.
Blek. ¹/₃.

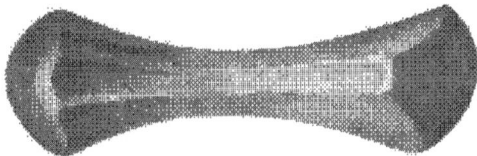

5. Slipsten af sandsten. Blek. ¹/₆.

6. Slipsten af sandsten. Kk. $^1/_4$.

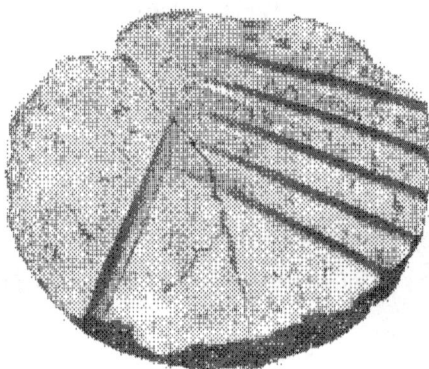

7. Stor slipsten af kalksten. Gotl. $^1/_{10}$.

8. Rund stenskifva med hål i midten. Ö.-Gotl. ei. V.-Gotl. ½.

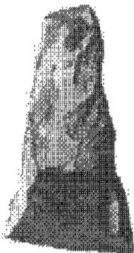  

10 a. Yxa af flinta, groft slagen,   9. "Flint-kort."   10 b. Flintyxan fig. 10 a,
aldeles oslipad. Äldre form. Nk. ¹/₃.   Nk. ¹/₂.   sedd från sidan.

11 a. Yxa af flinta, groft slagen, alldeles oslipad. Äldre form. Sk. ¹⁄₂.

11 b. Flintyxan fig. 11 a
sedd från sidan.

12. Yxa af flinta,
oslipad. Sk. ¹⁄₂.

16. Yxa
af sten,
fyrsidig,

med afsats
för skaftet.
Sk. ¹⁄₂.

13. Yxa af flinta, slipad. 14. Yxa af sten, öfre hälften   15. Yxa af sten, öfre
Sk. ¹/₆   trind, med afsats för skaftet.   hälften trind. V.Götl. ¹/₆.
Götl. ¹/₆

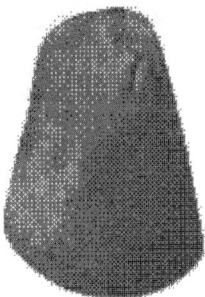
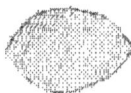
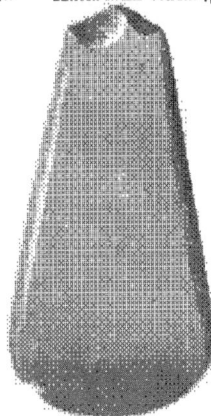

Genomskärning af
fig. 12.

17. Yxa af sten. Gotl. ¹/₆   18. Yxa af sten. Sk. ²/₆

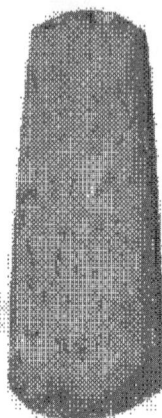

21. Yxa af flinta, tunn, slipad. V.Götl. ²⁄₅

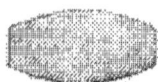

19. Yxa af flinta, oslipad. Sk. ⅓

Genomskärning af fig. 19.

22. Yxa af flinta, slipad; eggen omslipad. Boh.l. ⅓

20. Yxa af flinta, slipad. Vestmanl. ⅓

STENÅLDERN.

Öfversta ytan af mejseln
Fig. 23.

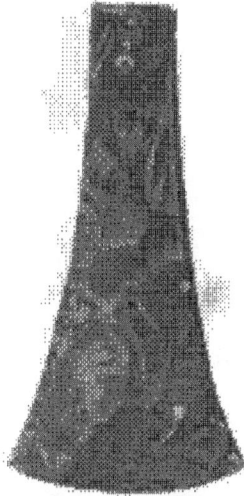

24. Bred rätmejsel af flinta, ostpreal.
Sk. 1/2.

24. Bred rätmejsel af flinta, ostpreal. Sk. 1/2.

26. Bred rätmejsel af sten. Blek. 1/2.

25. Bred rätmejsel af flinta, ostpreal. Öland. 1/2.

Genomskärning af fig. 28.

27. Brett halmejsel af
flinta, oslipad. Vester-
botten. ¹⁄₄

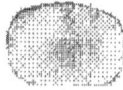

28. Halvmejsel af flinta,
slipad. Bohusl. ¹⁄₄

29. Smal rät-
mejselsflinta,
oslipad. Sk. ¹⁄₄

30. Smal rät-
mejsel af flinta,
slipad. Sk. ¹⁄₄

31. Smal tolmejsel af
flinta, slipad. Smål. ¹⁄₄

Genomskärning
af fig. 31.

Genomskärning
af fig. 30.

32. Yxa af sten, med ett
litet hål. Sk. ¹⁄₄

33. Yxa af sten med ett från
tredä sidor påbörjadt skafthål
(utan tapp). Sk. ⅓.

33. Yxa af sten med
skafthål. Bohusl. ½.

34. Yxa af sten med ett från ena
sidan påbörjadt skafthål (en tapp
i midten). Verml. ½.

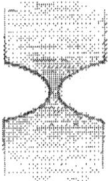  

Genomskärning af fig. 33 för
att visa det påbörjade hålet.

Genomskärning af fig. 34 för
att visa det påbörjade hålet.

STENÅLDERN.

36. Yxa af sten med skafthål.
Uppl. ⅓.

37. Yxa af sten med en ränuformig
fördjupning för skaftet. Sk. ⅓.

39. Yxa af sten med skafthål.
Sk. ⅓.

40. Yxa af sten med skafthål.
Öland. ⅓.

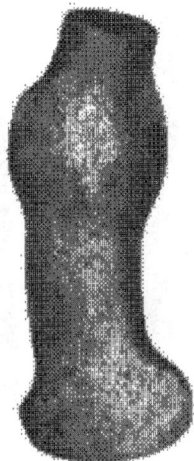 

41. Yxa af sten med skafthål. Hald. ⅓.

43. Yxa af (elg-)horn med skafthål och inristade djurfigurer. Nk. ⅓.

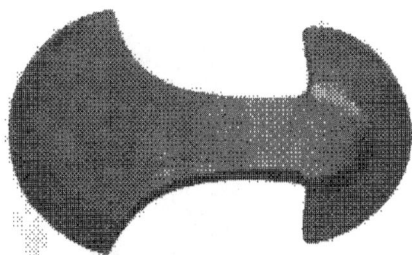

42. Yxa af sten med skafthål. Hall. ⅓.

14. Ämne till en spjutspets af flinta. Sk. ¹⁄₁.

15. Spjutspets af flinta. Hall. ¹⁄₁.

16. Spjutspets af flinta (naget slipad utmed midten). Sk. ¹⁄₁.

17. Spjutspets af flinta. V.Götl. ¹⁄₁.

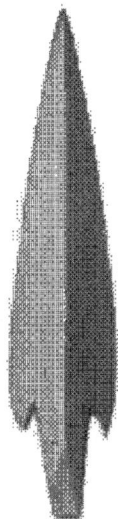

48. Spjutspets af flinta.
Bohuslän. 2/3

62. Spjutspets af skiffer.
Norrland. 1/2

49. Spjutspets af flinta.
Sk. 1/2

50. Spjutspets af flinta.
Sk. 2/3

51. Spjutspets af flinta.
V.-Götl. 1/2

53. Harpunspets af   55. Dolk af flinta med tresidigt   54. Harpunspets af
ben. Dalsl. ¹/₂.   skaft. Sk. ¹/₂.   ben. Sk. ²/₃.

Ändan af skaftet
till fig. 55.

59. Skåne.   60. Blekinge.   61. Skåne.
                 59—61. Pilspetsar af flinta. ²/₃.

56. Dolk af flinta med tväsidigt skaft. Sk. ¹/₂.

56. Dolk af flinta med fyrsidigt skaft. Västbotn. ¹/₂.

57. Dolk af flinta med fyrsidigt skaft. Sk. ¹/₂.

Ändan af skaftet till fig. 56.

62. 63. 64.

62—64. Pilspetsar af flinta. Skåne. ¹/₁.

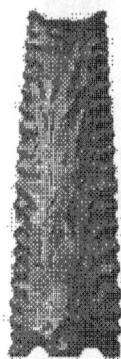

67. Knif af flinta (en-
eggad). Sk. ¹⁄₂.

65. Trekantig pilspets af
flinta. Sk. ¹⁄₁.

68. Såg (?) af flinta.
Sk. ¹⁄₁.

66. Traruggad pilspets
af flinta. Sk. ¹⁄₁.

70a. Skedformig skrapare
af flinta. Uppl. ¹⁄₁.

69. Rund skrapare af flinta.
Sk. ¹⁄₁.

70b. Undersidan af fig. 70a.

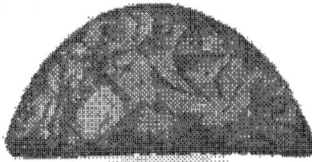

71. Vestergötland. $\frac{2}{3}$.

72. Bohuslän. $\frac{1}{2}$.

73. Bohuslän. $\frac{1}{3}$.

74. Skåne. $\frac{1}{2}$.

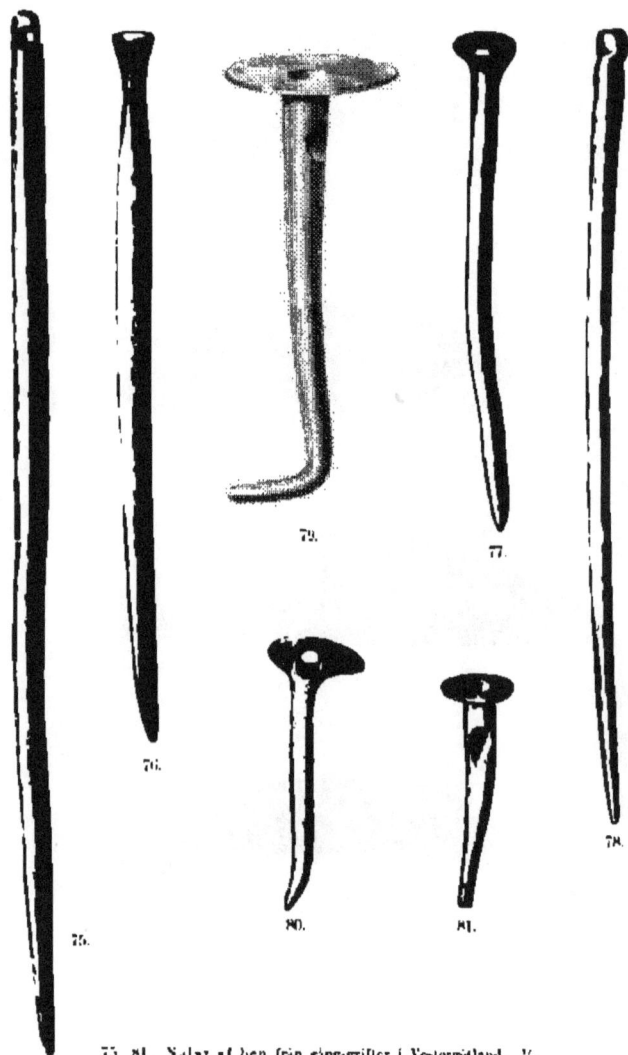

75—81. Nålar af ben från gång-grifter i Vestergötland. ¼.

82. Hängeprydnad af ben.   84. Perla af bernsten.   83. Borformig prydnad
   V.-Götl. ½.   V.-Götl. ½.   af ben. V.-Götl. ½.

85–88. Perlor af bernsten. V.-Götl. ½.

90. Hängeprydnad af en
genomborrad vargtand.
V.-Götl. ½.

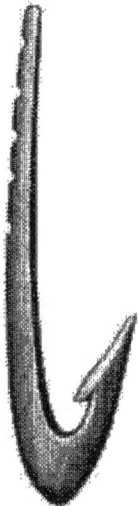  

91. Metkrok af järn.   89. Hängeprydnad af en genom-   92. Metkrok af ben.
   Sk. ½.   borrad björntand. V.-Götl. ½.   V.-Götl. ½.

94. Lerkärl med fina hål nära randen och i den utskjutande kanten vid midten. Hålen hafva varit genomdragna med snören, på hvilka kärlet hängt. Sk. ¹⁄.

93. Lerkärl utan hål. Vestergötland. ¹⁄.

95. Lerkärl med runda hål nära randen, genom hvilka det snöre gått hvarpå kärlet hängt. Sk. ¹⁄.

L'ÂGE DU BRONZE.

L'Âge du bronze commença en Scandinavie peut-être plus de mille ans avant l'ère chrétienne. La connaissance du bronze et la nouvelle culture qui s'introduisit avec ce métal, sont sans doute originaires de l'Asie, et parvinrent jusqu'aux bords de la Baltique après s'être lentement répandues sur le continent de l'Europe.

Le bronze de cette période est presque toujours un alliage de cuivre et d'étain. Les seuls métaux connus des habitants de la Scandinavie, étaient le bronze et l'or. Le cuivre et l'étain purs sont extrêmement rares dans les trouvailles de l'âge du bronze. Cette circonstance nous prouve que la plus grande partie du bronze employé par les Suédois de cette époque, avait été importée d'autres contrées sous forme d'alliage tout préparé. Les riches mines de cuivre de la Suède n'étaient pas encore connues.

La plupart des objets en bronze de l'époque précitée ont été coulés; le nombre des bronzes martelés est très-peu considérable. L'art de couler le métal était déjà singulièrement développé (voir entre autres les figures 134, 248); mais celui de souder le bronze était probablement totalement inconnu.

La plus grande partie des antiquités de l'âge du bronze trouvées en Scandinavie, ont sans doute été fabriquées dans le pays, vu que, jusqu'ici du moins, l'on n'a pas rencontré, dans d'autres pays de bronzes aux types scandinaves. D'autres preuves d'une fabrication suédoise très-étendue sont les moules, les culots, les ouvrages inachevés, les masses de bronze fondu, les bronzes brisés, qui avaient sans nul doute été recueillis pour subir une refonte (fig. 207—212).

La Suède ne se trouvait pas, pendant l'âge du bronze, dans un isolement absolu des autres pays européens. C'est prouvé par le fait, dont nous avons déjà parlé, que tout le bronze était importé, et par les découvertes d'objets évidemment fabriqués hors de la Scandinavie (fig. 155, 156, 179, 254, etc.).

Le fourreau en cuir d'un poignard et les fragments d'étoffe trouvés dans un tombeau suédois et représentés par les figures 166 et 245, nous fournissent la preuve intéressante que des matières fort délicates peuvent quelquefois se conserver durant des milliers d'années. Les étoffes recueillies dans les tombeaux scandinaves de cette période sont presque toujours de laine; les traces d'étoffes de lin sont très-rares.

La laine était produite dans le pays. La brebis et les autres animaux domestiques principaux étaient, comme nous l'avons vu, déjà connus en Suède avant le commencement de l'âge du bronze.

Les grandes sculptures en creux sur les rochers (suédois hällristningar), si nombreuses en Suède, nous fournissent des renseignements intéressants sur la vie des hommes de l'âge du bronze. Elles prouvent que l'agriculture n'était pas inconnue, qu'on montait à cheval, que l'on connaissait les voitures (de guerre), et que l'on possédait des vaisseaux assez grands, mais sans voiles. Les Suédois de cette période, ignorants de l'art d'écrire, ont essayé de conserver le souvenir des événements remarquables par les figures symboliques de ces sculptures. La tradition qui pourrait expliquer les figures est morte depuis longtemps. Nous ne savons pas même le nom de ce peuple qui, durant des siècles, habita notre pays.

Quelques vases magnifiques en or et en bronze (fig. 249, 254, 255, etc.) étaient sans doute destinés au culte.

Pendant la première époque de l'âge du bronze, les morts n'étaient pas brûlés; les corps étaient presque toujours déposés dans de grandes cistes construites de dalles. La dernière époque de l'âge du bronze est, par contre, caractérisée par l'incinération des morts; les ossements brûlés sont à l'ordinaire conservés dans de petites cistes en pierre ou dans des urnes d'argile. La plupart de ces tombeaux sont couverts de tumuli de terre ou de cailloux (cairns, suéd. stenkummel). Les tumuli sont souvent d'une grandeur considérable, et renferment presque toujours plusieurs tombeaux.

L'exploration attentive de différents tombeaux et des objets qui y ont été trouvés, a permis de distinguer les monuments du commencement de l'âge du bronze de ceux de la fin de cette période. Nous voyons au premier coup d'œil que les antiquités suédoises du premier âge du bronze sont encore plus élégantes que celles de la seconde époque.

La plupart des monuments de l'âge du bronze appartiennent aux provinces méridionales de la Suède. Nous connaissons actuellement 2,500 bronzes suédois de cette période; plus de 1,600 ont été trouvés en Skåne, et 750 dans les autres provinces du Götaland. On n'a rencontré que 150 bronzes dans toutes les provinces centrales et celles du Nord. Les trouvailles les plus septentrionales sont l'épée et le celt représentés par les figures 157 et 141. Ils proviennent de localités différentes de la province de Medelpad, à plus de 300 kilomètres au nord de Stockholm.

Jusqu'à la fin de l'âge du bronze, les habitants de la Scandinavie ignorèrent totalement l'usage du fer, de l'argent, de l'écriture, des monnaies, du plomb, du zinc, du verre, de l'ivoire, etc.

L'âge du bronze a probablement fini en Suède peu de temps après le commencement de l'ère chrétienne. Le fer ne fut connu dans la Scandinavie que vers ce temps, quoiqu'il eût été employé durant plus de mille ans dans les pays situés sur les rives de la Méditerranée. Les Grecs d'Homère vivaient à l'époque de transition de l'âge du bronze à l'âge du fer. En Égypte, les armes bleues en fer sont figurées sur les monuments déjà plus de 2,000 ans avant J.-C.

Cependant, il est des pays où l'âge du bronze a duré beaucoup plus longtemps qu'en Scandinavie. Lorsque les Européens commencèrent, il y a 350 ans, la conquête du Mexique, les indigènes se trouvaient encore en plein âge du bronze, et sans connaissance du fer. Néanmoins, la civilisation des Mexicains était presque aussi avancée que celle des peuples européens à la fin du Moyen-âge.

LE PREMIER AGE DU BRONZE.

BRONSÅLDERN. I.

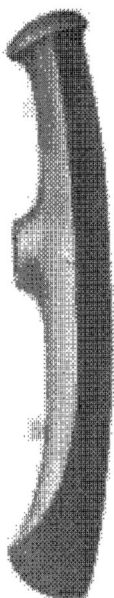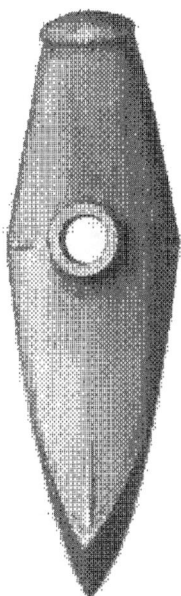

96 a. Stenyxa med skafthål.   96 b. Stenyxan fig. 96 a. sedd   97. Stenyxa med skafthål.
Sk. ¹/₄.   Ingkifrån.   Vestmanland. ¹/₂.

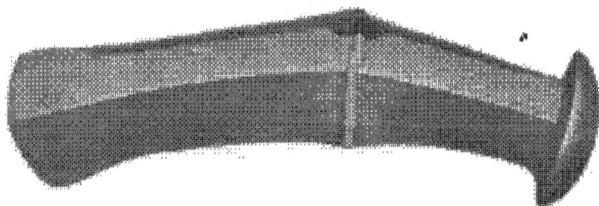

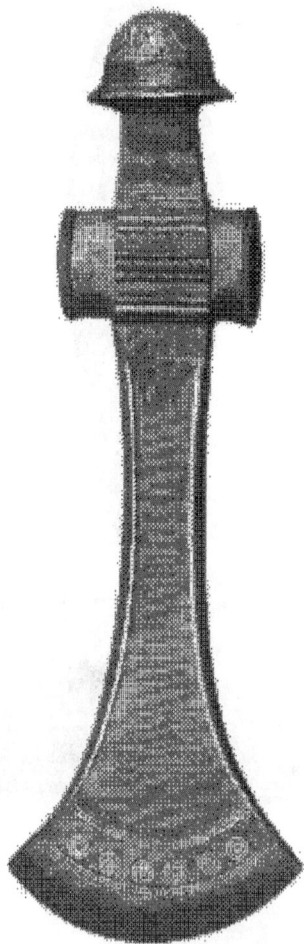

98. Massiv bronsyxa med skafthål. Hall. 1/2

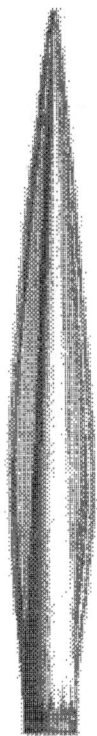

100. Massiv bronsyxa med skafthål. Nk. ¹/₁.

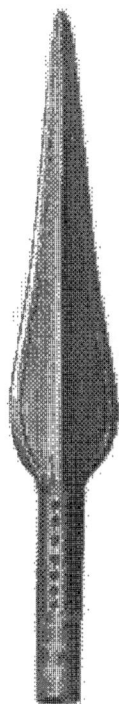

101 a. Spjutspets af brons
med holk för skaftet.
Uppl. ¹/₁.

102. Spjutspets af brons
med holk för skaftet.
V.-Götl. ¹/₂.

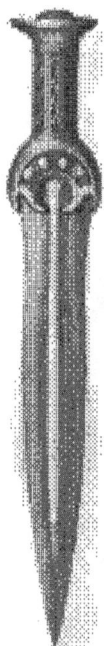

105a. Bronsdolk
med fäste af
brons. Öl. ¹/₁.

105b. Fästet och öfre delen
af klingan till ett bronssvärd. Sk. ¹/₁.

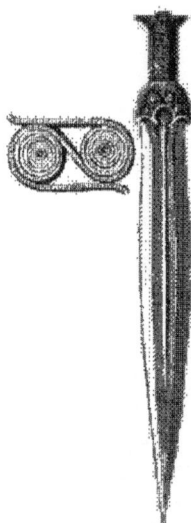

106. Bronsdolk. Fästet af
brons, men gjutet öfver
en kärna af lera. V.Götl.¹/₁.

105b. Fästet till dolken
fig. 105a, sedt uppifrån.
¹/₁.

106a. "Knekknapp" af
brons, troligen till ett
svärdsgehäng. Sk. ²/₁.

106b. "Knekknappen"
fig. 106a, sedd bakifrån.

107 a. Klingan och
öfre delen af fästet
till ett bronssvärd.
Ö.-Götl. ½.

110. Bronssvärd. Fästet
och spetsen afbrutna.
Småt. ⅓.

108. Bronssvärd. Spet-
sen afbruten. Småt.
⅓.

109 a. Bronssvärd
med fäste af brons.
Ö.-Götl. ⅓.

107 b. Fästet till svärdet
fig. 107 a, sedt uppifrån.
½.

109 b. Fästet till svärdet
fig. 109 a, sedt uppifrån.
⅓.

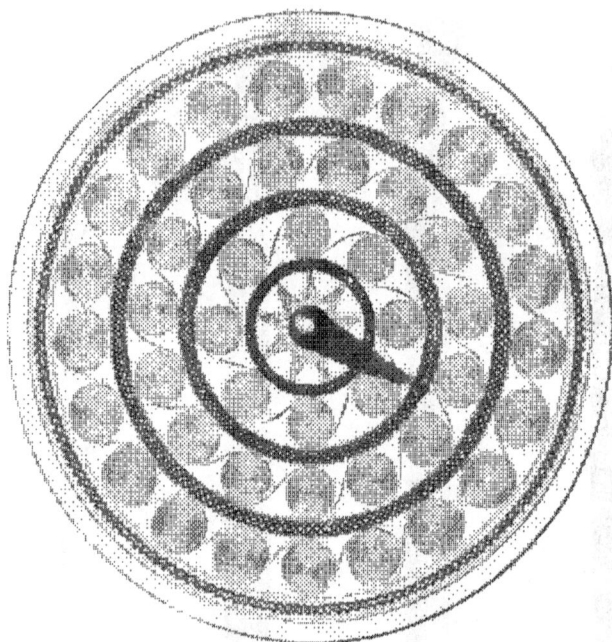

111 a. Bronsepyukhnd, troligen for midten af en skold. Den uppstående spetsen massiv.
Nk. ⅟₇

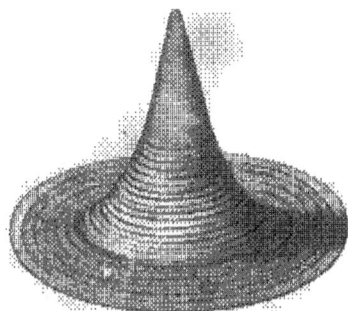

112. "Tutulus" af brons. Har troligen suttit som prydnad på en sköld. Spetsen ihålig; öfver dess hals på baksidan en liten tvärstång. Sk. ¹/₁.

113. Bronsknif med skaft af brons. Spetsen afbruten. Hall. ²/₁.

114. Bronsknif. Skaftet genombrutet. Sk. ²/₃.

115. Bronsknif med skaft af brons (i form af ett hästhufvud). Öl. ¹/₁.

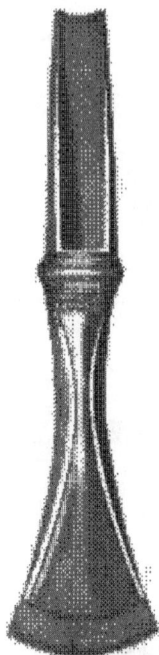

116 a. Skaft-celt af
brons. Har varit fa-
stad i ett klufvet
skaft. Öl. ⅐.

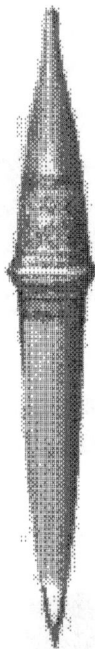

116 b. Celten fig.
116 a, sedd från
sidan.

118. Smal rätmejsel
af brons. Öfre hälften
trind. Sk. ½.

117. Skaft-celt af
brons. Nerike.
⅐.

119. Såg af brons. Ena spetsen afbruten. Sk. ½.

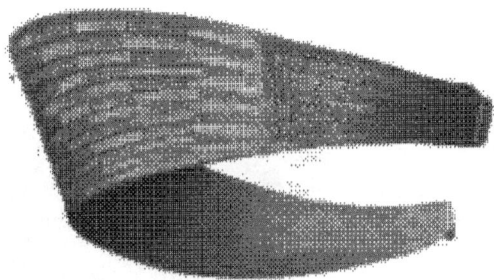

122. Diadem af brons. Sk. $\frac{1}{2}$.

120. Spänne af brons. Öl. $\frac{1}{2}$.

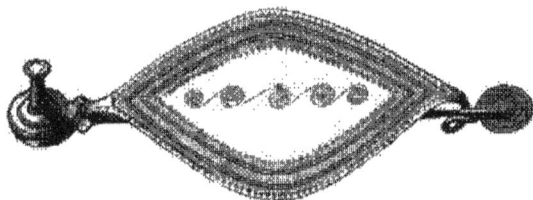

121. Spänne af brons. Sk. $\frac{1}{2}$.

123. Diadem af brons. Har varit i forntiden blifvit itubrutet och lagadt, såsom de fyra små veplen midtalen utvisa. Nk. ¹⁄₂.

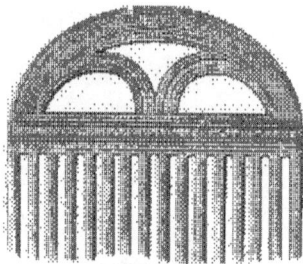

124. Kam af brons. Alla tänderna afbrutna; de hafva ursprungligen varit ungkring en tum långa. Nk. ¹⁄₂.

125 a. Armring af brons. Sk. ¹/₁.

125 b. Ena ändan af ringen fig. 125 a. ¹/₁.

126. Armring af guld, spiralvriden. Sk. ¹/₁.

127. Armring af brons. Hall. ½.

128. Spiral-fingerring af
dubbel guld-tråd. Sk. ½.

129. Bronsrör, hvilka jemte flere dylika hörlat
ett bälte. De hafva varit sammanhållna genom
ullensnöder, troligen intrådda så som det är an-
tydt vid a. Sk. ½.

LE SECOND AGE DU BRONZE.

BRONSÅLDERN. II.

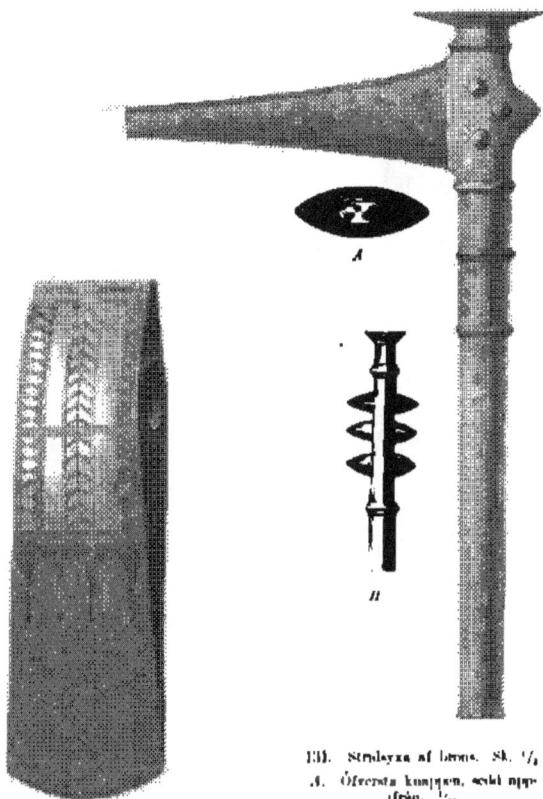

130. Massiv bronsyxa
med skafthål. Bohusl.
⅕.

131. Stridsyxa af brons. Sk. ¼.
A. Öfversta knappen, sedd uppe
ifrån. ½.
B. Öfversta delen af skaftet, sedd
bakifran. ½.

131. Massiv bronsyxa med
skafthål. Sk. ½.

132. Stridshammare (?) af brons. Sk. ½.

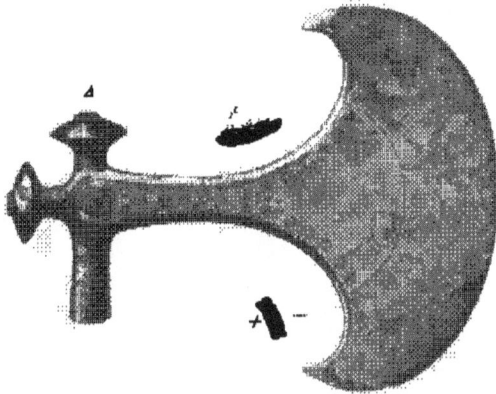

134 a. Yxa af mycket tunn brons, gjuten öfver en kärna af lera: prydd med guldplåtar och deruti infattade bernstensstycken. Södermanl. ¹/₄.

134 b. Knappen A å yxan fig. 134 a.

135 a. Öfre delen af en brons-yxa, som varit alldeles lik fig. 134. En del af träskaftet sitter qvar. Södermanl. ¹/₄.

135 b. Yxan fig. 135 a, sedd uppifrån.

136. Beslag af brons för bakre delen af skaftet till endera af yxorna fig. 134 eller 135. Södermanl. ¹/₄.

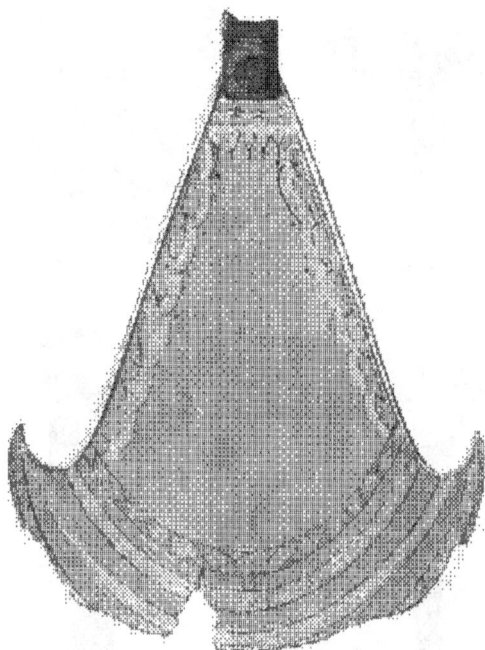

137. Mycket stor skafteelt (¹) af tunn brons; upptill afbruten. Eggen mycket skadad. Sk. ½.

138. Utan uppstående kanter. Sk. ³/₅.

139. Utan uppstående kanter. Sk. ¹/₂.

140. Med uppstående kanter; prydd med inristade linier, parallela med eggen. Sk. ¹/₂.

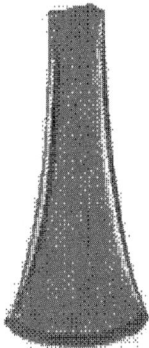

141. Med uppstående kanter (såsom genomskärningen visar). Medelpad. ¹/₂.

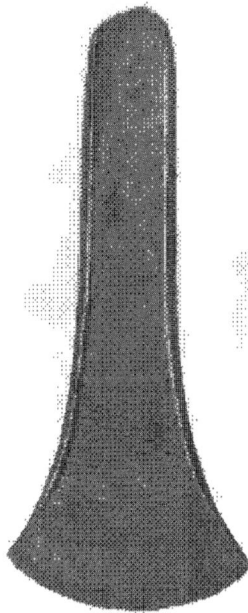

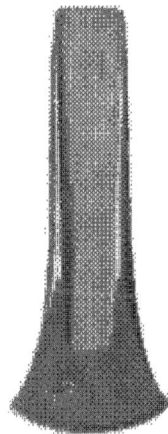

142. Med uppstående kanter. Det inristade runlika märket måste, ehuru gammalt, tillhöra en yngre tid än bronsåldern. Dall. ²/₃.

138—142. Skaftcelter af brons.

146. Liten hålcelt af brons med ögla. Hålet bredt ovalt. Öl. ¹/₂.

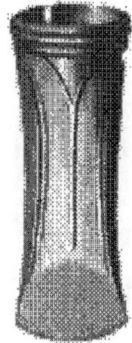

144. Smal hålcelt af brons utan ögla. Hålet nästan rundt. Söder-manl. ¹/₂.

145. Hålcelt af brons, utan ögla. Hålet rundt. Vestmanl. ¹/₂.

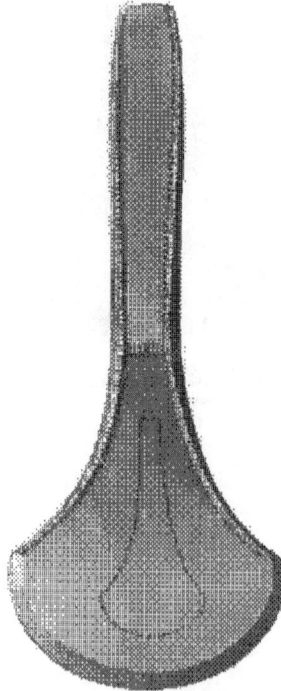

143. Skaftcelt af brons med uppstående kanter. Sk. ¹/₂.

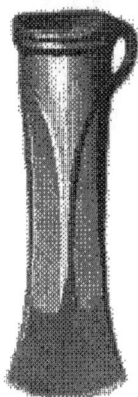

148. Hålet nästan
sexsidigt. Sk. ¹/₂.

147. Hålet fyrsidigt.
Gotl. ¹/₂.

149. Hålet rundt.
Södermanl. ¹/₂.

150. Hålet rundt.
Södermanl. ¹/₂.

151. Hålet rundt.
Nerike. ¹/₂.

152. Hålet rundt.
Sk. ¹/₂.

147–152. Hålcelter af brons med öglor.

BRONSÅLDERN. II.

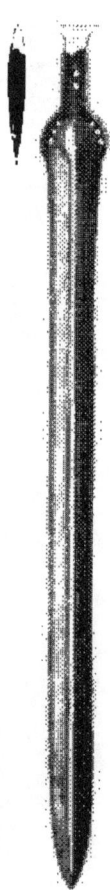

154. Bredplatt tunge
med uppstaende kan-
ter. Uppl. ¹/₄.

155. Fäste af
brons. Uppl. ¹/₄.

156. Bredplatt
tunge med låga
kanter. Uppl.
¹/₄.

157. Fäste
af brons.
Medelpad. ¹/₄.

153—157. Svärd af brons.

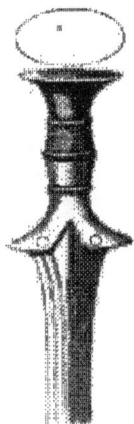

158. Öfre delen af ett bronssvärd. Fästet af brons.
Verml. ½.

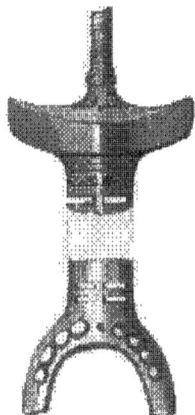

159. Fäste af brons till ett
svärd. Uppl. ½.

160. Öfre delen af ett bronssvärd. Fästet af brons. Sk. ½.

162. Öfre delen af ett
symboliskt bronssvärd.
Sk. ⅓.

161. Symboliskt svärd
af brons. Gotl. ½.

163. Symboliskt svärd
af brons. Södermanl. ½.

165. Bronsdolk
med hornfäste.
Halft. 1/2.

166. Läderslida med brons-
doppsko till dolken fig. 165.
1/1.

164 a. Öfre delen af ett
bronssvärd. Sk. 1/1.

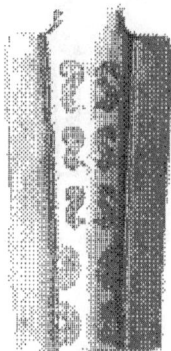

164 b. En del af klingen till
svärdet fig. 164 a. 1/1.

167 a. Bronsdolk. Fä-
stet af brons. Uppl. 1/1.

167 b. Fästet till dolken,
fig. 167 a, sedt uppi-
från. 1/1.

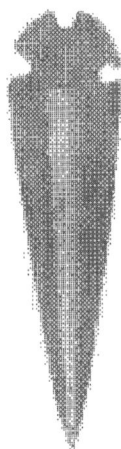

169. Klingan till en bronsdolk. Sk. 1/2

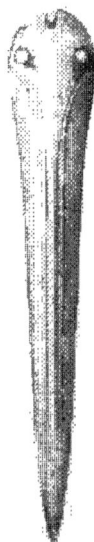

170. Klingan till
en bronsdolk.
Nerike. 1/2

171. Pilspets (?) af brons
med fyrkantig tange.
Gotl. 1/1

172. Symbolisk spjut-
spets (?) af brons med
skaftholk. Sk. 1/2

173. Utan nithål.
Uppl. ¹/₂.

175. Utan nithål.
Sk. ¹/₂.

174 a. Med nithål.
Södermanl. ²/₅.

176 Utan nithål.
Nerike. ¹/₂.

174 b. Nedre delen af spjutspetsen
fig. 174 a, sedd från sidan. ²/₅.

177. Med nithål.
Öland. ¹/₂.

173 177. Spjutspetsar af brons med holk för skaftet.

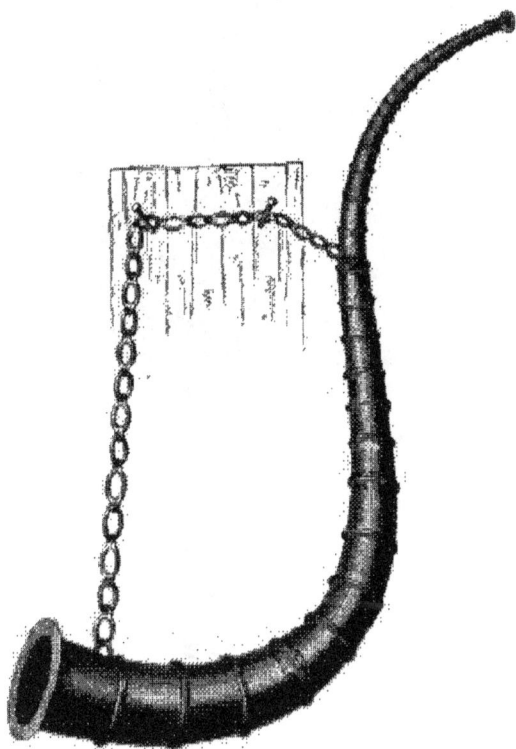

178. Striddur af bronc. Sk. ¹/₄

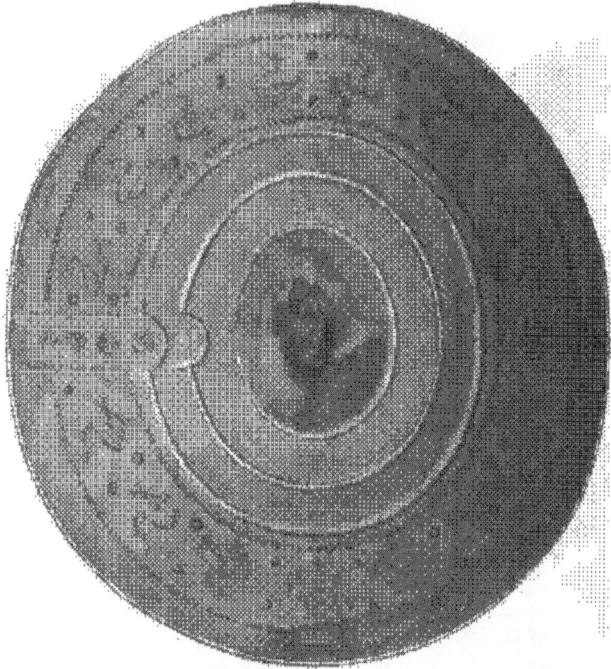

179 a. Sköld af brons med ett handtag på midten af baksidan. Hälft. ⅛.

179 b. Handtaget till skölden fig. 179 a. ½.

179 c. En af de vanliga figurerna, bildade af större och mindre upphöjda punkter. ⅛.

182. Sag af brons. Dalsl. ⅕.

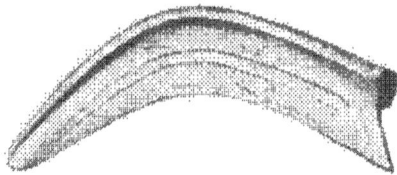

183. Skåra af brons. Södermanl. ⅕.

180 a. "Tutulus" af brons. Söderml. ⅕.

180 b. "Tutulus" fig. 180 a, sedd nedifrån. ⅔.

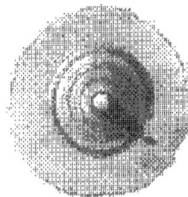

181. "Tutulus" af brons. Södermanl.

181. Skåne. ⅛.

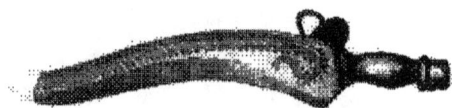

185. Skåne. ½.

186. Skåne. ⅓.

187. Halland. ½.

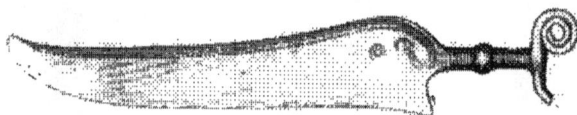

188. Vestergötland. ⅔.

184—188. Knifvar af brons.

189. Skåne. ⅟₁.

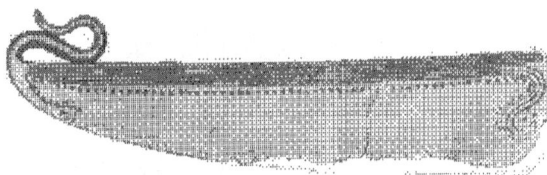

190. Halland. ⅟₁.

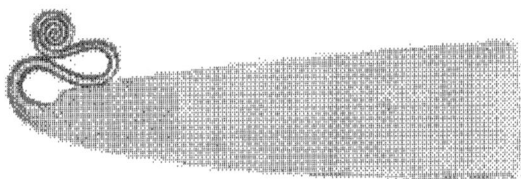

191. Skåne. ⅟₁.

192. Skåne. ⅟₁.

190. Knif af brons. Sk. ⅓.

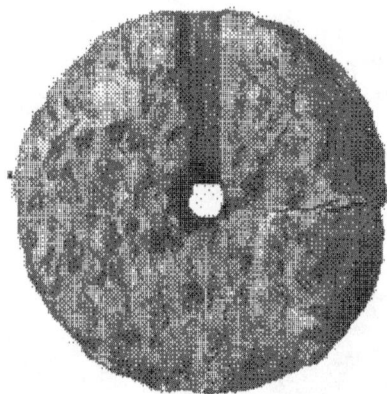

191. Kaka af harpax (harz). Sk. ⅔.

195. Halland. ⅓.   198. Skåne. ⅓.

196. Skåne. ⅓.   197. Blekinge. ⅓.   199. Halland. ⅓.

195—199. Dubbelknappar af brons.

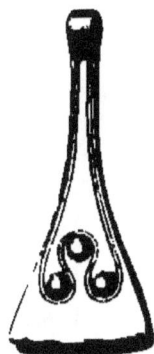

201. "Pincette" af brons.
Hall. ⅓.

202. Metkrok af brons.
Dalsl. ¹⁄₁.

203. "Pincette" af guld.
Hall. ⅓.

204. Nyl af brons.
Sk. ⅓.

203. "Åderlåtningsinstrument" (?)
af brons. Sk. ⅓.

205. Rynål
af brons.
Sk. ¹⁄₁.

206. Rynål
af brons.
Sk. ⅓.

217. "Gjutbufvud" af brons. Dalsl. ¹/₁.

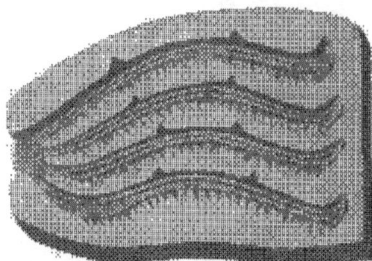

209. Form af sten för gjutning af fyra bronsnålgar. Nk. ¹/₂.

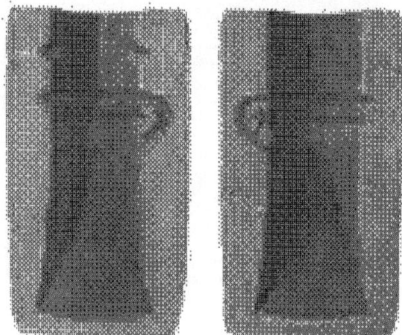

211. Båda hälfterna af en sandstensform för gjutning af en brons-hålcelt med ögla. Nk. ¹/₂.

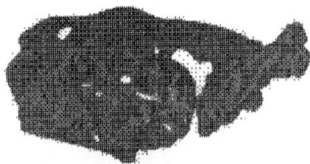

208. Smälad droppe af smält brons. Dnl-l. ¹⁄₁.

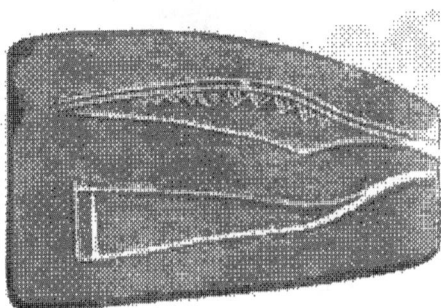

210. Form af sten för gjutning af två bronsknifvar. På stenskifvans andra sida är en form för fyra bronsnågrar. Hk. ¹⁄₁.

212. Ena hälften af en bronsform för gjutning af en hålcelt med öglra. Östl. ³⁄₄.

207. "Gjuthufvud" af brons. Dalsl. ¹/₁.

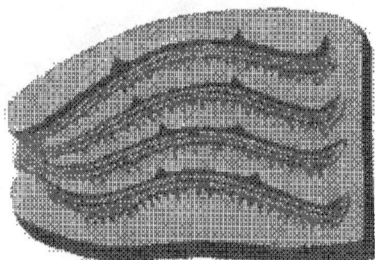

209. Form af sten för gjutning af fyra bronssågar. Nk. ¹/₂.

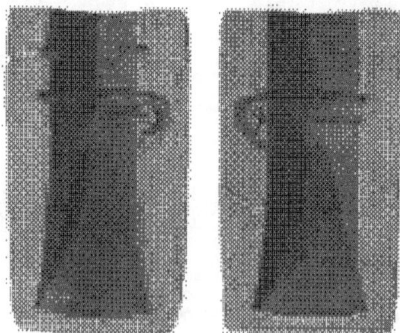

211. Båda hälfterna af en sandstensform för gjutning af en brons-hålcelt med ögla. Nk. ¹/₃.

BRONSÅLDERN. II.

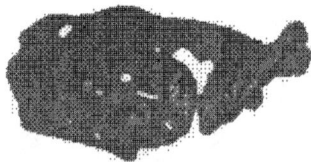

209. Stelnad droppe af smält brons. Uabl. ¼.

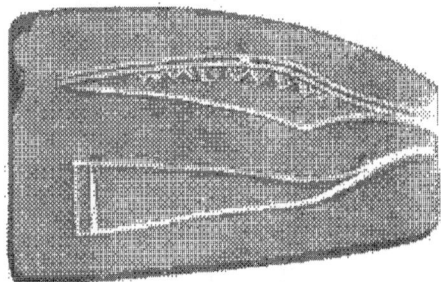

210. Form af sten för gjutning af två bronsknifvar. På stenskifvans andra sida är en form för fyra brons-nålar. Nk. ⅓.

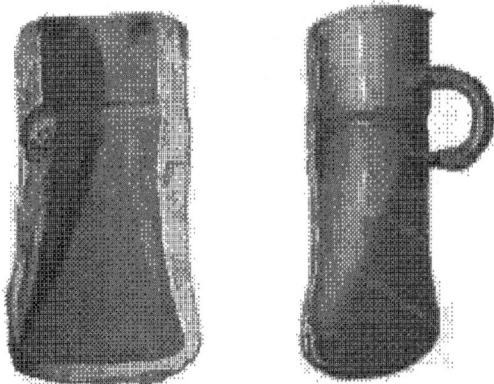

212. Ena hälften af en brons-form för gjutning af en hålcelt med ögla. Undl. ⅔.

214. Öland. ¹⁄₂.   215. Bohuslän. ¹⁄₂.

216. Gotland. ¹⁄₂.

213. Bohuslän. ¹⁄₂.

219. Tvärstången massiv. Sk. ¹⁄₂.

213 220.

218 a. Södermanland. ½.

218 b. Nålen fig. 218 a, sedd från sidan. ½.

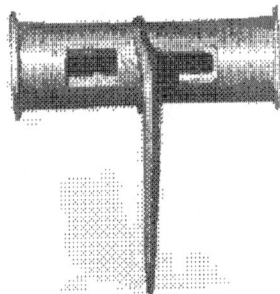

217. Vester-Götland. ½.

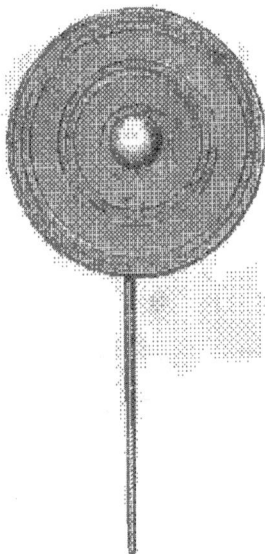

220 a. Cylindern ihållig. Sk. ½.   220 b. Nålen fig. 220 a, sedd från sidan. ½.

Nålar af brons.

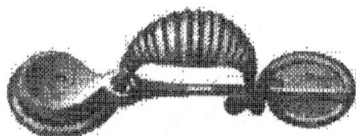

221. Spänne af brons. Nk. ³⁄₄.

222. Spänne af brons. Nk. ³⁄₄.

223. Spänne af brons. Naturmaul. ¹⁄₁.

224. Prydnaderna på ena hälftan af ett brons-spänne likt fig. 223. Bohusl. ½.

225. "Stångknapp" af brons, med en ögla. Öl. ½.

226. Häng-smycke af tre runda bronsplåtar. Gotl. ½.

227. Halsring af brons. Södermanl. $\frac{1}{3}$.

228. Halsring af brons. Hall. $\frac{1}{3}$.

229. Halsring af brons, massiv. V.-Götl. ⅟₂.

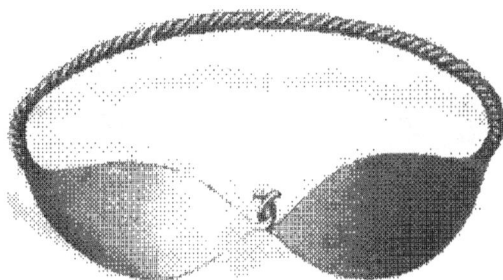

230. Halsring af brons, med breda, platta ändstycken. Södermanl. ⅟₂.

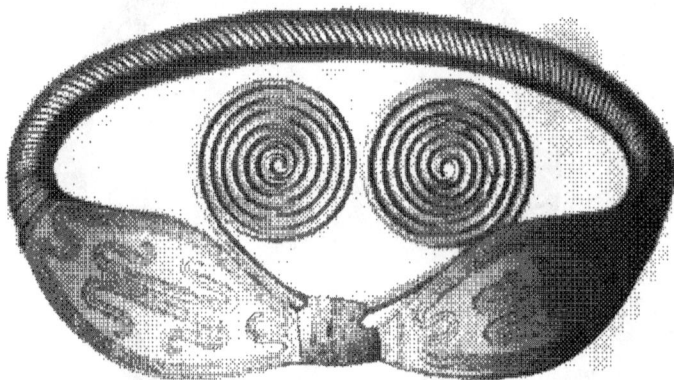

231. Halsring af brons, med breda, platta ändstycken; kan icke öppnas. Hall. ¹/₄.

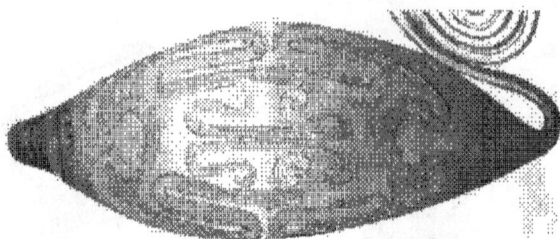

232. Ena ändstycket till en sådan stor bronsring som fig. 231. Nadl. ¹/₂.

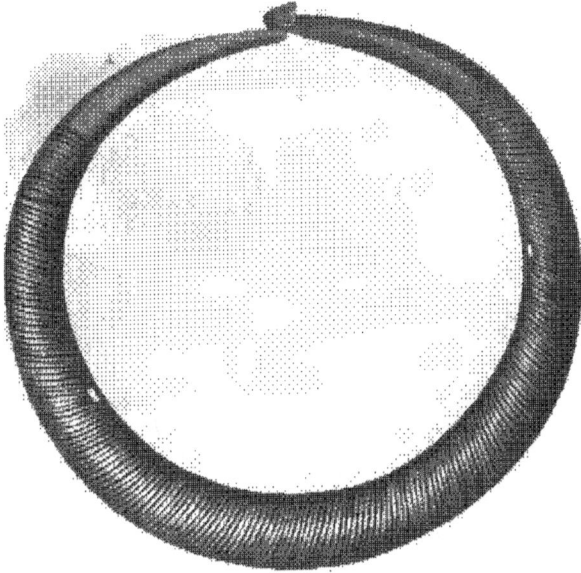

283. Halsring af brons, ihålig; kan öppnas derigenom att stycket A uttages. Sk. 1/3.

284. Spiralring af brons, troligen armprydnad, nu annan afbruten. Verut. 1/1.

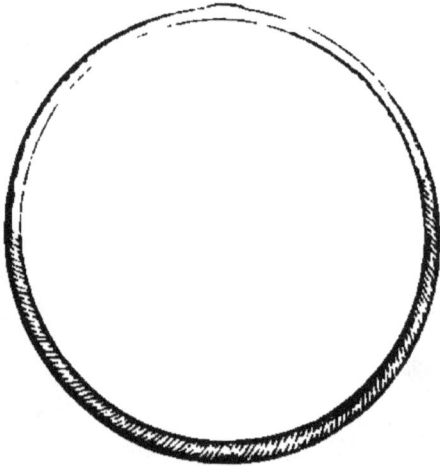

235. Halsring af brons, sluten. Uppl. 1/8.

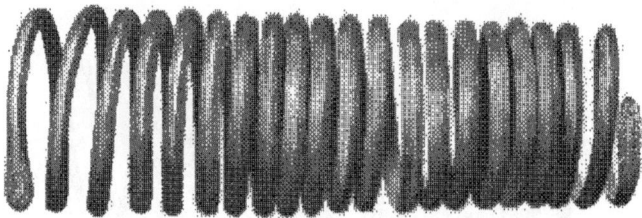

236. Spiralring af brons, troligen armprydnad. Sk. 1/3.

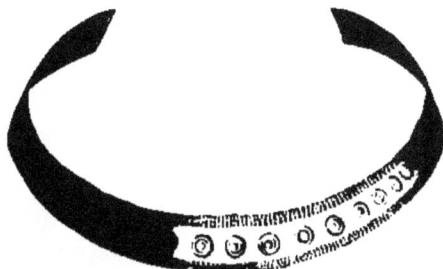

217 a. Tunt bronsband med drifna figurer; har varit sammanhållet genom fyra nithål i hvardera ändan (möjligen en halsprydnad). Södermani. ⅓.

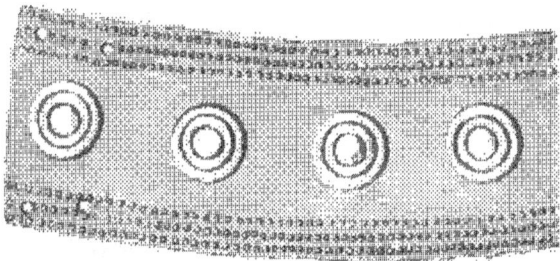

217 b. En andel af bronsbandet fig. 217 a. ⅓.

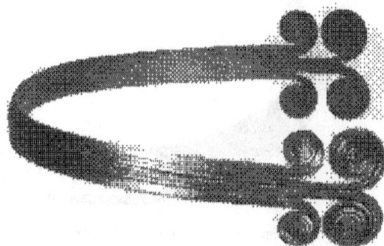

239. Guldband, troligen prydnad for hufvudet. Sk. ⅔.

240. Armring af guldbleck med invikna kanter. Bohusl. ¹/₁.

241. Armring (?) af guld, massiv; med skålformiga ändar. Sk. ⁵/₆.

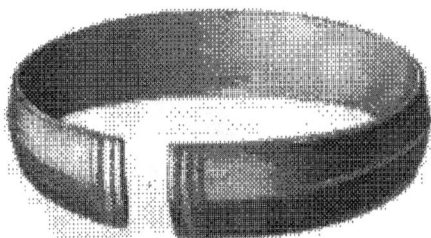

242. Armring af brons. Dalsl. 1/1.

243. Armring af dubbel, spirallagd
bronstråd. Södermanl. 1/2.

244. Kam af brons. Hall. 1/1.

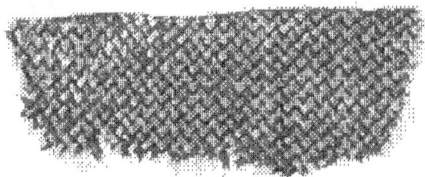

245. Tiletyg. Hall. 1/1.

246 a. Insidan af brons-"kapan" fig. 246 b. ¹/₂

247. Hängkärl af brons. Nk. ²/₃

246 b. En "kupa" af brons, utsidan; har hört till ett
sådant hängkärl som fig. 248. Bohusl. ⅓.

248. Hängkärl af brons. V.-Götl. ⅓.

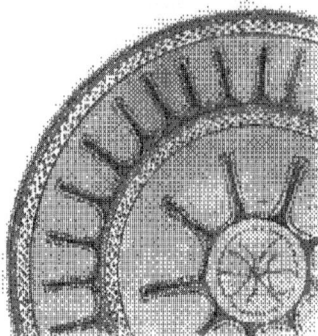

250. En del af bottnen till bronskärlet fig. 247. ⅓.

252. En del af bottnen till ett aalant bronskärl som fig. 246. Hmål. ⅓.

251. En del af bottnen till bronskärlet fig. 248. ⅓.

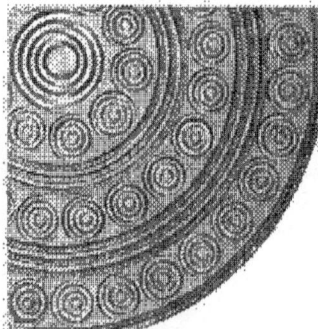

253. En del af bottnen till guldskålen fig. 249. ⅓.

249. Guldskål med drifna sirater. Hall. ⅟₄.

254. Botten och belag af brons till ett stort trakarl, troligen ett offerkarl. Bk. ⅟₄.

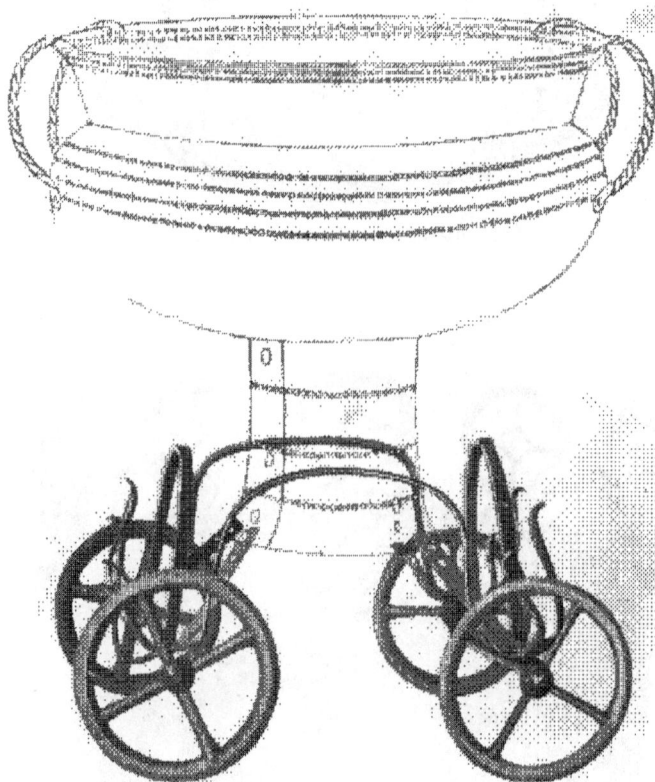

255. Brons-vagn med fyra hjul, på hvilken en stor bronsvas varit fästad så som teckningen antyder. Nk. 1/p.

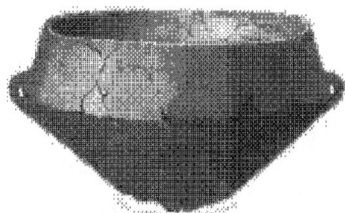

256. Halland. ⅙.

257. Halland. ⅙.

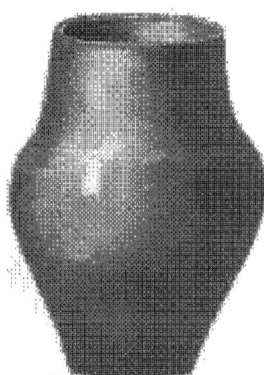

258. Skåne. ⁶/₇.

256—258. Grafkärl af brändt lera.

259. Skåne. ¹/₄.

261. Halland. ¹/₄.

261. Skåne. ¹/₄.

259—261. Grafkärl af bränd lera.

L'AGE DE LA PIERRE.

1. Marteau-percuteur en trapp pour tailler le silex, avec de petites excavations pour les doigts. — Bohuslän. (St. M. 1270. 6).*)

2. Lame (couteau) en silex. — Skåne. (St. M. 3086).

3. Noyau (nucleus) en silex, qui a fourni des lames. — Skåne. (St. M. 1519).

4. Polissoir en schiste noir (pour des aiguilles en os, etc.). — Ciste en pierre, près de Alletorp, Blekinge. On trouva dans la même ciste 6 poignards et têtes de lances en silex, et des fragments de poterie. (St. M. 1452. 11).

5. Pierre à aiguiser les cisseaux en silex. Grès. — Tourbière de Travesn, près de la ville de Carlshamn, Blekinge. (St. M. 1452. 11b).

6. Pierre à aiguiser les haches en silex. Grès. — Skåne. (St. M.)

7. Pierre à aiguiser les haches rondes (voir les fig. 14. 15). Calcaire. Tängslparda, Gotland. (St. M. 1373).

8. Disque circulaire en trapp, percé au centre. Il a probablement servi de volant pour les forets à tige verticale, qui étaient sans doute employés au forage des haches en pierre. — Göta kanal, Ö.-Götl. ou V.-Götl. (St. M. 157. 21).

9. Perçoir (?) en silex. — Skåne. (St. M. 2109).

10 a. Hache en silex grossièrement taillé, d'une forme primitive. 10 b. La même hache, vue de côté. — District de Hammenhög, Sk. (St. M. 2109. 151a).

11 a. Hache en silex taillé à grands éclats, d'une forme primitive. — 11 b. La même hache, vue de côté. — Skåne. (St. M. 2791).

12. Hache en silex taillé. La coupe se voit au bas de la page 6. — Skåne. (St. M. 3414).

13. Hache en silex poli, de la même forme que le N:o 12. — Naglunde, Sk. (St. M. 3317. 67).

14. Hache ronde en trapp. La partie supérieure, qui était enfoncée dans le manche, n'est pas polie. — Hageryda, Gotland. (St. M. 3473).

15. Hache ronde en trapp. — Göta kanal, V.-Götl. (St. M. 457. 11).

16. Hache en diorite. — Skåne. (St. M. 3142).

17. Hache en trapp. — Nors, Gotland. (St. M. 4483).

18. Hache en trapp. — Lindermabacken, près de Åhus, Sk. (St. M. 4121). Lindormsbacken est le nom d'une partie du rivage sablonneux de la mer, où l'on trouve une grande quantité de haches, de pointes de flèches, d'éclats en silex, de fragments de poterie, etc. Les pointes de flèche à tranchant transversal (fig. 66), fort rares ailleurs, sont très-nombreuses dans cette localité.

19. Hache en silex taillé. La coupe se voit au-dessous de la figure. — Skåne. (St. M. 2312).

20. Hache en silex poli, de 0,12 m. de longueur. La plus longue hache en silex trouvée en Suède, mesure 0,467 m. — Ivø, Uramanland. (St.M.4107).

21. Hache en silex poli. Tourbière de Slöta, près de la ville de Falköping, V.-Götl. Deux haches en silex poli étaient placées sur une grande pierre dans la tourbière précitée. (St. M. 3107).

22. Hache en silex poli. Le tranchant est retaillé et repoli. — Tanum, Bohuslän. (St. M. 2698).

23. Ciseau en silex taillé. La surface supérieure carrée se voit au-dessous de la fig. 24. — Skåne. (St. M. 2109. 952).

24. Ciseau en silex taillé. — Hammenhög, Sk. (St. M. 3086. 67).

25. Ciseau en silex poli. La coupe se voit au-dessous de la figure. — Öland. (St. M. 1304. 1828. 3).

26. Ciseau en trapp. — Ronneby, Blekinge. (St. M. 1452. 188).

27. Gouge en silex taillé, tout près de la rivière de Byske, Vesterbotten. Sur le même point, on trouva dans la terre, à 0,3 m. au

*) Voir la dernière page pour l'explication des abréviations.

demeure de la surface, 70 gouges en silex, formant un cercle de 1 m. de diamètre. Les tranchants étaient dirigés en bas. (St. M. 1392).

28. Gouge en silex poli. La coupe se voit en haut de la page. — Dalby, Bohuslän. (St. M. 1270. 55).

29. Ciseau en silex taillé. — Tharsjö, St. (St. M. 3765).

30. Ciseau en silex poli. La coupe se voit au-dessous de la figure. — Skåne. (St. M. 1484).

31. Gouge en silex poli. La coupe se voit à côté de la figure. — District de Vrethe, Småland. (St. M. 1381).

32. Hache en trapp, à petit trou. District de l'emmanch, St. (St. M. 2109, 2105).

33. Hache en trapp, avec trou d'emmanchure commencée des deux côtés (voir la coupe au-dessous de la figure). — Dagstorp, St. (St. M. 2918).

34. Hache en trapp. Le trou, à bouton central, n'est pas achevé (voir la coupe au-dessous de la figure). Lac de Mathingen, Vremland. (St. M. 2187).

35. Hache en trapp, avec trou d'emmanchure. — Qville, Bohuslän. (St. M. 2348).

36. Hache en trapp, entourée d'une rainure dans laquelle le manche a été fixé. — Qville, Bohuslän. (St. M. 2098).

37. Hache en trapp, à rainure. — Skåne. (Lunds M. 5058).

38. Hache en trapp, avec trou d'emmanchure. — Dalby, Uppland. (St. M. 4293).

39. Hache en trapp, avec trou d'emmanchure. — Près de Trelleborg, St. (St. M. 2109. 1421).

40. Hache en trapp, avec trou d'emmanchure. — Öland. (St. M. 680, 9).

41. Hache en trapp, avec trou d'emmanchure. — Lavarby, Dalsland. (St. M. 3819).

42. Hache en trapp, avec trou d'emmanchure. Lac de Vreslången, Halland. (St. M. 4300).

43. Hache en corne d'élan, sur laquelle sont gravés quelques animaux (un cerf ! etc.); avec trou d'emmanchure. Pièce remarquable, les gravures paraissant avoir été extrêmement rares en Scandinavie pendant l'âge de la pierre. — Près de la ville d'Ystad. St. (St. M. 3137).

44. Pièce de silex grossièrement taillé. — Skåne. (St. m. 1316).

45. Pointe de lance en silex, longue de 0,383 m. — Slättåkra, Halland. (Collection du comte G. M. de Hamilton).

46. Pointe de lance en silex, polie le long de la ligne médiane. Skåne. (St. M. 2109).

47. Pointe de lance en silex. — Dolmen (chambre de géant) à Luttra, Västgötl. La salle, à laquelle conduit une très-longue galerie, mesure 6,5 m. de longueur sur 2,5 m. de largeur et 1,8 m. de hauteur. Dans ce tombeau furent recueillis: 5 pointes de lance et 1 pointe de flèche en silex (= fig. 61), 3 petits grattoirs en silex (= fig. 69), 19 éclats de silex, 1 épingle en os (fig. 75—77 et 81), 18 pinçons en os (de cheval, de brebis, etc.), deux autres pièces en os (fig. 82, 83), 11 dents percées d'ours, de chien, de cochon, etc. (fig. 89, 90), 4 perles en ambre (fig. 85—88), un grand nombre de squelettes humains et quelques os de roche, etc. (St. M. 3165).

48. Pointe de lance en silex. — Naim, Bohuslän. Deux lances, 7 grattoirs en forme de croissant (= fig. 72 à 71) et un grattoir en forme de cuiller, tous en silex, étaient placés sous une dalle. (St. M. 2770, 98).

49. Pointe de lance en silex. — Skirgerie, St. (St. M. 3549).

50. Pointe de lance en silex. — Près de la ville de Lund, St. (St. M. 2519).

51. Pointe de lance en silex. — Dolmen (chambre de géant) à Rantra, près de la ville de Falköping, Västgötl. Dans ce dolmen furent recueillis: 10 poignards et pointes de lance, 4 pointes de flèche, un petit ciseau et plusieurs éclats, tous en silex, une hache en trapp, avec trou d'emmanchure, 2 polissoirs en schiste noir (= fig. 4), une perle en ambre, 3 aiguilles en os (fig. 79 et 80), 3 vases en argile grossière (fig. 93) et un grand nombre de squelettes humains. (St. M. 1034 b).

52. Pointe de lance en schiste noir. — Vermland. (St. M.)

53. Pointe de harpon en os. — Lac de Hästefjorden, Dalsland. Au fond de ce lac desséché, on a recueilli une grande quantité d'os d'animaux, dont quelques-uns sont taillés. Auprès de ce harpon, on en trouva un autre dont les dents n'étaient pas achevées. (St. M. 1011).

54. Pointe de harpon en os. — Ingelstad, St. (St. M. 3217. 1).

55. Poignard en silex, magnifique. La poignée triangulaire est taillée à petits éclats (voir l'extrémité inférieure au-dessous de la figure). — Skåne. (St. M.)

56. Poignard en silex. L'extrémité inférieure de la poignée se voit en bas de la figure. — Dolmen à Bärslöf, près de la ville de Hel-

singlong, Sk. Ce dolmen contenait en outre: une pointe de lance brisée et une lame (couteau) en silex, un polissoir rhomboïdal en schiste noir, des fragments de poterie, quelques ossements humains, etc. (St. M. 2110).

57. **Poignard** en silex, à poignée quadrangulaire. – *Östra Värlinge, Sk.* (St. M. 2518).

58. **Poignard** en silex, à poignée quadrangulaire. — *Hulaterp, V.-Götl.* (St. M. 1438).

59. **Pointe de flèche** en silex. — *Skåne.* (St. M. 2518).

60. **Pointe de flèche** en silex. -- *Blekinge.* (St. M.).

61. **Pointe de flèche** en silex. — *Skåne.* (St. M. 2518).

62. **Pointe de flèche** en silex. — *Skåne.* (St. M. 2791).

63. **Pointe de flèche** en silex. — *Skåne.* (St. M. 2518).

64. **Pointe de flèche** en silex. — Près de la ville d'*Ystad, Sk.* (St. M. 1279).

65. **Pointe de flèche** en silex. — *Qvistofta, Sk.* (St. M. 2918).

66. **Pointe de flèche** à tranchant transversal, en silex. — *Lindormsbacken, Sk.* (St. M. 4121). Voir le N:o 18.

67. **Couteau** en silex. — *Skåne.* (St. M. 2918).

68. **Scie** en silex. — *Gylle, Sk.* (St. M. 2549).

69. **Grattoir** en silex. — *Skåne.* (St. M. 3191).

70 *a* et 70 *b*. Les deux faces d'un **grattoir** en silex, en forme de cuiller. — *Kilaby*, près de la ville d'Enköping, *Uppland*. Au fond d'un marmiso on rencontra 8 grattoirs en silex de la même forme, placés l'un à côté de l'autre. (St. M. 2227).

71. **Grattoir** en silex, demi-circulaire. — *Hisingen, V.-Götl.* (St. M. 1137).

72. **Grattoir** en silex. — *Skardad, Bohuslän.* Dix grattoirs en silex de cette forme furent dé-

couverts dans la terre, sous une dalle. (St. M. 1270. 13N).

73. **Grattoir** en silex. — *Hoghem, Bohuslän.* (St. M. 2898).

74. **Grattoir** ou scie en forme de croissant. Silex. — *Grefvie, Sk.* (St. M. 2549).

75 à 77. **Aiguilles** et **épingles** en os. — Trouvées avec le N:o 47.

78. **Épingle** en os. — *Vestergötland.* (St. M.)

79 et 80. **Épingles** ou aiguilles en os. — Trouvées avec le N:o 81.

81 à 83. **Aiguille, pendeloque** et **tuyau** (usage inconnu), en os. Trouvés avec le N:o 47.

84. **Perle** en ambre. *Dreentorp, V.-Götl.* Dix-neuf perles en ambre et un poignard en silex (= fig. 57) furent trouvés au même endroit. (St. M. 3115).

85 à 88. **Perles** en ambre. – Trouvées avec le N:o 47.

89. **Dent d'ours,** percée. — Trouvée avec le N:o 47.

90. **Dent de loup,** percée. — Trouvée avec le N:o 47.

91. **Hameçon** en os. — Trouvé au fond du lac de *Rökelöf, Sk.* (St. M. 1113).

92. **Hameçon** en os. — Chambre de géant à *Rantra*, près de la ville de Falköping, *V.-Götl.* Ce tombeau renfermait aussi plusieurs squelettes humains, 33 perles en ambre, un éclat de silex, etc. (St. M. 1034 *a*).

93. **Vase** en terre cuite. — Trouvé avec le N:o 81.

94 et 95. **Vases** en terre cuite. — Dolmen dit *Åmbögen*, à *Qvistofta, Sk.* Dans ce tombeau on rencontra aussi quelques autres poteries, 8 haches en silex poli (= fig. 21), 40 couteaux en silex (= fig. 2), plusieurs petits éclats de silex, un grand nombre de squelettes humains, etc. (St. M. 2918 et 2349).

L'AGE DU BRONZE.

LE PREMIER AGE DU BRONZE

96 a. Hache-marteau en trapp, vue de côté.
— 96 b. La même hache vue de derrière. — *Vitt jö,
Sk.* (St. M. 4627).

97. Hache-marteau en trapp noir. Longueur: 0.312 m. — *Berga, Vestmanland.* (St. M. 982).

98. Hache-marteau en trapp. — *Östra kanal, Ö.-Götl.* ou *V.-Götl.* (St. M. 157, 1).

99. Hache massive en bronze. Long.: 0.32 m. — *Landby, Halland.* (Collection de M. le Dr Ehrengranat à Falkenberg).

100. Hache massive en bronze. — *Villie, Sk.* (St. M. 2348).

101 a. Pointe de lance en bronze. — 101 b. La partie inférieure. (Grand. nat.) — *Nedrallen, Uppland.* Elle fut trouvée dans la terre parmi des ossements brûlés, à 0.6 m. de profondeur. (Upps. M.)

102. Pointe de lance en bronze. — *Falköping, V.-Götl.* (St. M. 1115).

103 a. Poignard en bronze. — 103 b. La surface supérieure de la poignée en bronze. — Cairn à *Nolberga, Öland.* Dans ce cairn furent recueillis en outre: une belle lance en bronze (= fig. 101), un œil magnifique en bronze (= fig. 116), une petite lance en silex et, probablement, des restes de squelettes humains. (St. M. 1288.)

104. Poignard en bronze. La poignée en bronze est enfilée sur un noyau en argile. — Tourbière à *Segerstad, près de la ville de Falköping, V.-Götl.* Trouvé à 0.5 m. de profondeur. (St. M. 1054).

105. La partie supérieure d'une épée en bronze. Poignée en bronze. — *Jerrestad, Sk.* (Jarlois M. 7834).

106 a. Bouton en bronze. — 106 b. Le bouton vu de derrière. — *Skåne.* (St. M. 2548).

107. Epée en bronze. Le pommeau en bronze. La poignée a été en bois, en os, ou en corne. — Tumulus à *Utterstad, non loin du lac de Tåkern, Ö.-Götl.* Auprès de l'épée, on trouva un couteau en bronze (= fig. 115). Au milieu du même tumulus on rencontra une grande ciste en pierre, contenant plusieurs squelettes humains, une lance et un petit grattoir en silex, etc. (St. M. 4240).

108. Epée en bronze. Le pommeau en bronze. — Tumulus à *Bäckaryd, Småland.* Au milieu du vaste tumulus se trouvait une grande ciste en pierre, mesurant 8.1 m. de longueur sur 1.26 m. à 1.35 m. de largeur et 1.32 m. de hauteur. La ciste était divisée en deux compartiments égaux, dont l'un renfermait un squelette humain, l'épée reproduite, un couteau en bronze (= fig. 115), une lance en silex et un éclat de silex. Dans l'autre compartiment, on recueillit une lance en silex, un vase d'argile grossière, rempli de sable, et les restes de 13 squelettes. (St. M. 3605).

109. Epée en bronze, longue de 0.77 m. Poignée en bronze. — Trouvée au fond du lac *Tåkern, Ö.-Götl.* (St. M. 1313).

110. Epée en bronze. — Cette pièce et des fragments de deux autres magnifiques épées en bronze furent trouvés en 1687 dans un tumulus à *Skatelöf, Småland.* (St. M.).

111 a. Ornement en bronze du centre d'un bouclier. — 111 b. Vue latérale. — *Skåne.* (St. M. 3733).

112. "Tutuli" en bronze. Les tutuli ont probablement servi d'ornements de bouclier. (Grand tumulus à *Hougardm, près de la ville de Lund, Sk.* Près du bord du tumulus étaient déposées toutes les pièces suivantes: 1 tutuli de formes différentes, 1 diadème (= fig. 122), 1 bracelet (fig. 123), 1 autre bracelet, 1 petit bracelet à spirale, un peigne (fig. 124), plus de 30 tuyaux de ceinture (fig. 139), une longue pointe de lance, 2 ciseaux (fig. 118) et 2 scies (fig. 110). Des traces d'ossements ne paraissent pas avoir été observées. (St. M. 2548).

113. Couteau en bronze. — Tumulus à *Boasorp, près de la ville de Laholm, Halland.* (St. M. 2548).

114. Couteau en bronze. — *Skåne.* (St. M. 2791).

115. Couteau en bronze. — *Bejby, Öland.* À 0.5 m. de profondeur, on rencontra, auprès d'un squelette étendu, le couteau reproduit, un autre couteau (= fig. 113) et une épée en bronze. (St. M. 4343).

116 *a*. Celt en bronze. — 116 *b*. Vue latérale.
— *Runafors*, près de Borgholm, *Öland*. (St. M. 1304. 1835. 3).
117. Celt en bronze. — *Bo*, *Nerike*. Dans un amas de pierres. (St. M. 4519).
118 et 119. Ciseau et celt en bronze. — Trouvés avec le N:o 112.
120. Fibule en bronze. — *Bredsättra*, *Öland*. (St. M. 1383).
121. Fibule en bronze. — *Skär*. (St. M. 2548).
122. Diadème en bronze. — *Skär*, (St. M. 3765).
123. Diadème en bronze. Il a été brisé, puis réparé, pendant l'âge du bronze même, au moyen de rivets dont les trous sont encore visibles. — Tumulus près de la ville de *Cimbrishamn*, *Sk*. Auprès du diadème se trouvaient un tutulus et une fibule (= fig. 121) en bronze. (St. M. 2109. 1161).
124 et 125 *a*. Peigne et bracelet en bronze.
125 *b*. Le bout du bracelet. — Trouvés avec le N:o 112.

126. Bracelet en or. Poids: 25 grammes. — *Hrellinge*, *Sk*. (St. M. 762),
127. Bracelet en bronze. — Tumulus de *Dimmedorp*, *Halland*. Au milieu de ce tumulus se trouvaient deux ciées en pierre, longues de 2 m., dont une renfermait un squelette autour des bras duquel on voyait encore deux bracelets en bronze, totalement identiques. Dans l'autre ciée, on rencontra un squelette et un poignard en bronze. Un vase d'argile rempli d'ossements brûlés, et entouré d'une petite ciée de pierre, était déposé dans le tumulus à une faible distance du sommet. (St. M. 2110 et 3987). — Tout près de cette colline on voit 17 autres tumuli de l'âge du bronze (voir les N:os 163, 190, 195, 199, 256, 257 et 260).
128. Bague en spirale de fil d'or double. — Petit tumulus à *Cimbris*, près de la ville de Cimbrishamn, *Sk*. Une autre bague, pareille à l'exemplaire reproduit, fut trouvée à côté de la première. (St. M. 2456).
129. Partie de ceinture en bronze. — Trouvée avec le N:o 112.

LE SECOND AGE DU BRONZE

130. Hache massive en bronze. — Oville, *Bohuslän*. (St. M. 1434).
131. Hache d'armes (?) en bronze. (A. Le bout supérieur, vu de haut. B. La partie supérieure du manche, vue de derrière). — *Årap*, *Sk*. (Collection de M. le Professeur Angelin à Stockholm).
132. Hache d'armes en bronze. — Tourbière à *Sösdala*, *Sk*. (St. M. 8317. 101).
133. Hache massive en bronze. — *Balsby*, *Sk*. Trois haches en bronze, du même type, et un diadème en or (fig. 239) étaient déposés symétriquement sur une dalle, à 0,5 m. de profondeur dans le sol. (St. M. 1665).
134 *a*. Hache formée d'une mince couche de bronze recouvrant un moule d'argile, ornée de petites plaques rondes d'or, au milieu desquelles on voit des pièces d'ambre. — 134 *b*. Le bouton A au bout du manche. — 135 *a*. Fragment de

hache parfaitement pareille au N:o 134, avec une partie du manche en chêne. — 135 *b*. La même hache vue d'en haut. — 136. Ornement en bronze pour le manche d'une de ces haches. — Toutes ces pièces ont été trouvées en labourant la terre, à *Skegstorp*, près de la ville d'Eskilstuna, *Södermanland*. (St. M. 3873).
137. Large celt (?) en bronze, très-mince; la partie supérieure manque. — *Borrby*, *Sk*. (St. M. 2791. 318).
138. Celt en bronze, de la forme des haches en silex (fig. 21). *Frölöf*, *Sk*. (St. M. 2109. 740).
139. Celt (celt) en bronze. — Tourbière de *Svenstorp*, *Sk*. (St. M. 2791. 931).
140. Celt en bronze. — Trouvé en labourant un champ à *Fåle*, *Sk*. Au même endroit furent recueillis; 10 autres celts de la même forme, 2 celts (= fig. 138), 2 poignards (fig. 167),

2 lames de poignard (= fig. 170) et plusieurs anneaux simples, tous en bronze, du poids de 5.56 kilogrammes. La plupart des pièces étaient brisées. (Nr. M. 3311).

141. Celt en bronze. — *Lunde, Medelpad.* (St. M. 788).

142. Celt en bronze. La figure runique n'est pas moderne, mais elle ne paraît pas dater de l'âge du bronze. — *Lomringe, Gotland.* (St. M. 2616).

143. Celt en bronze. — *Skåne.* (St. M.)

144. Celt à douille, en bronze. — Trouvé à 1.5 m. de profondeur, dans une petite tourbière à *Långbro, Södermanland.* A la même place furent recueillis: 2 autres celts à douille, 1 hache mince (fig. 237), 7 colliers tordus (fig. 227), 4 bracelets en spirale (fig. 243), 1 bracelet simple, 2 grandes fibules (fig. 223) et 2 grandes épingles (fig. 218), le tout en bronze, et un anneau brisé en étain (de 510 grammes de poids). C'est la seule pièce d'étain pur datant de l'âge du bronze, qui ait été trouvée jusqu'ici en Suède. (St. M. 2674).

145. Celt à douille, en bronze. — *Vestmanland.* (Collection du comte de Hamilton).

146. Celt à douille, en bronze. — *Borgholm, Öland.* (St. M. 1304, 1411, 16).

147. Celt à douille, en bronze. — *Lundkrop, Gotland.* (St. M. 2118).

148. Celt à douille, en bronze. — *Arvie, Sk.* (St. M. 1185).

149. Celt à douille, en bronze. — Dans la rivière de *Täckhammar, Södermanland.* (St. M. 1177).

150. Celt à douille, en bronze. Trouvé sous une grande pierre tout près de l'église de *Spelvik, Södermanland.* A la même place furent recueillis: un autre celt à douille, 2 lances (fig. 174), une urne (de la forme de la fig. 218), un collier à disques ovales (fig. 230) et 16 colliers tordus (= fig. 227), tous en bronze. (St. M. 813).

151. Celt à douille, en bronze. — *Rytu, Nerike.* (St. M. 2124).

152. Celt à douille, en bronze. — *Hellestad, Sk.* (St. M. 1709).

153. Épée en bronze. — Dans le lac d'*Amgiön, Nadland.* (St. M. 3590).

154. Épée en bronze. — l'*Attholma, Uppland.* Dans la même localité avaient été déposées, à 0.3 m. de profondeur, une autre épée de la même forme, la poignée d'une épée (fig. 159) et 4 lances (fig. 173), le tout en bronze. (St. M. 612).

155 et 156. Épées en bronze. Le N:o 155 est long de 0.833 m. Ces épées, la lame d'une

troisième épée et une lance, toutes en bronze, ont été péchées dans le lac de *Långsjön, Uppland.* (St. M. 1363).

157. Épée en bronze. — Trouvée sous une grande pierre près de l'église de *Njurunda, Medelpad.* (St. M. 2559).

158. Épée en bronze. — l'*rê à Rud, Vermland.* Dans la même localité ont été recueillis: une autre épée de la même forme, 2 colliers tordus, un long bracelet en spirale (fig. 234), un fragment de bracelet, 3 fibules brisées (= fig. 223), divers fragments d'un vase à suspension (= fig. 248), etc., tous en bronze. (St. M. 1314).

159. Poignée d'épée en bronze. — Trouvée avec le N:o 151.

160. Épée en bronze. — *Hannas, Sk.* (St. M. 3934).

161. Épée symbolique en bronze. — *Gotland.* (Musée de Visby).

162. Épée symbolique en bronze. — *Sidne.* (Collection Hofverberg à Hanebäck).

163. Épée symbolique (ou petit poignard) en bronze. — *Årsta, Södermanland.* (St. M. 3748).

164 a. Épée en bronze. — 164 b. Partie supérieure de la lame. Trouvée en 1670 à *Hellestad, Sk.* (St. M.)

165. Poignard en bronze. La poignée en corne. — 166. Le fourreau en cuir, parfaitement conservé; le dard en bronze. — Tumulus de *Hammersdorp, Halland.* Au milieu du tumulus fut trouvée une ciste en pierre, longue de 1.1 m., qui renfermait le poignard, inséré dans son fourreau, des fragments d'étoffe de laine (fig. 245) et des ossements brûlés. Une petite ciste en pierre et 2 vases en argile, remplis d'ossements brûlés, étaient déposés dans diverses parties du tumulus. (St. M. 1164. Voir le N:o 127).

167 a. Poignard en bronze. — 167 b. Le pommeau vu d'en haut. — *Gamla Uppsala, Uppland.* (Upps. M.)

168 a. Lame de poignard en bronze. 168 b. Partie des ornements. — Dans la rivière de *Täckhammar, Södermanland,* à 1.5 m. de profondeur sous le lit de la rivière. (St. M. 2273).

169. Lame de poignard en bronze. — Près de la ville de *Malmö, Sk.* (St. M. 2109, 561).

170. Lame de poignard en bronze. — *Oldesbacken, Nerike.* (St. M. 1563).

171. Pointe de flèche (?) en bronze. — *Nårødarfve, Gotland.* Une petite ciste en pierre, longue de 0.8 m., contenait cette pièce, une pincette en bronze (= fig. 240) et des ossements brûlés. (St. M. 2211).

172. Lance symbolique (?) en bronze. — *Femmerlöf, Sk.* (St. M. 3217. 1).

173. Pointe de lance en bronze. — Trouvée avec le N:o 154.

174 a. Pointe de lance en bronze. — 174 b. Vue latérale de la douille. — Trouvée avec le N:o 150.

175. Pointe de lance en bronze. — Dans la tourbière de *Amossen* à *Slingarp, Sk.* Quatre autres lances de cette forme avaient été déposées au même endroit. (St., M. 2549).

176. Pointe de lance en bronze. — *Odinsbacken, Nerike.* (St. M. 4637).

177. Pointe de lance en bronze. — *Alguterum, Öland.* (St., M. 1301. 1443. 3).

178. Trompette de guerre en bronze. — Trouvée, à 2,4 m. de profondeur, dans une tourbière près de la ville de *Lund. Sk.* (Lunds M. 4372).

179 a. Bouclier en bronze, très-mince, travaillé en bosselage. — 179 b. Le manche au centre de l'envers. — 179 c. Un des anneaux qui entourent le centre, travaillé en bosselage. Trouvé, à 1,8 m. de profondeur, dans une tourbière à *Näckhälle, Halland.* (St. M. 4420).

180 a. Tutulus en bronze. — 180 b. Le tutulus vu de dessous. — 181. Autre tutulus en bronze, vu d'en haut. — Trouvés, en 1849, sous une grande pierre à *Tullinge, Södermanland.* A la même place furent recueillis: 2 celts à douille (= fig. 146), 1 faucille (fig. 183) et 2 bracelets en spirale, très-courts, le tout en bronze. (Uppr. M.)

182. Saie en bronze. — Trouvée dans un vase d'argile déposé dans le sol, près du lac de *Venern, à Bräcke, Dalsland.* Le vase contenait aussi un celt à douille, un bracelet (fig. 242), un hameçon (fig. 202), quelques culots (fig. 207) et de petites masses (fig. 208), plusieurs fragments de celts, de scies, d'épées, d'anneaux, de boutons, etc., le tout en bronze. (St. M. 1995).

183. Faucille en bronze. — Trouvée avec les N:os 180 et 181.

184. Couteau en bronze. — *Skåne.* (St. M. 3765).

185. Couteau en bronze. — *Skåne.* (Lunds M. 2873).

186. Couteau en bronze. — *Skåne.* (Collection Hofverberg à Barseback).

187. Couteau en bronze. — *Snöstorp, Halland.* A la même place furent recueillis trois autres couteaux en bronze, de formes différentes. (Collection du comte de Hamilton).

188. Couteau en bronze. — Trouvé, à 0,6 m. de profondeur, près d'un grand bloc de pierre à *Asted, Östgtl.* A la même place furent recueillis: 3 vases à suspension (= fig. 248), 1 petit celt à douille (= fig. 144), 8 autres celts à douilles, 2 couteaux simples, 5 lances, 4 lames d'épées, 1 faule (= fig. 223), 2 épingles (fig. 217), 2 culots, fragments de scies (= fig. 182), d'anneaux, etc., le tout en bronze. Plusieurs de ces pièces avaient été brisées avant leur déposition. (St. M. 4127).

189. Couteau en bronze. — *Skåne.* (Lunds M. 2870).

190. Couteau en bronze. — L'un des tumuli de *Dommestorp, Halland.* Une ciste ruinée en pierre contenait le couteau, une pincette (= fig. 201) et une alène (= fig. 204) en bronze, quelques petits fragments d'étoffe de laine et des ossements brûlés. — On découvrit, dans le même tumulus, une autre ciste en pierre, longue de 0,22 m., et 2 vases d'argile, remplis d'ossements brûlés. (St. M. 4168. Voir le N:o 127).

191. Couteau en bronze. — *Skåne.* (St. M.).

192. Couteau en bronze. — *Kabusa, Sk.* (St. M. 2791. 176).

193. Couteau en bronze. Le dos et le côté. — *Skåne.* (Lunds M. 3426).

194. Grand pain d'une poix tirée de l'écorce de bouleau, et contenant de petits fragments d'ambre. Elle servait à remplir les parties creuses des objets en bronze, à luter les couvercles des vases sépulcraux et des cercueils en bois, à fixer les pointes de lance aux manches, etc. — Trouvé avec 13 autres pains de poix dans une petite tourbière à *Tågarp, Sk.* Les pains étaient placés sur les bords, l'un à côté de l'autre. (St. M. 2918).

195. Bouton en bronze. — L'un des tumuli de *Dommestorp, Halland.* Un vase d'argile, entouré de petites dalles, contenait ce bouton, une alène en bronze, à manche en bois très-bien conservé, et des ossements brûlés. Un autre vase d'argile rempli d'ossements brûlés se trouva aussi dans le tumulus. (St. M. 4168. Voir le N:o 127).

196. Bouton en bronze. — *Skåne.* (St. M. 1518).

197. Bouton en bronze. — *Blekinge.* (St. M. 1576).

198. Bouton en bronze. — *Skåne.* (St. M. 1576).

199. Bouton en bronze. — L'un des tumuli de *Dommestorp, Halland.* Au sommet du tumulus fut trouvée une petite ciste en pierre (pentagonale), renfermant ce bouton, une fibule (de

forme de la fig. 120, mais beaucoup plus simple), un couteau, en bronze, et des ornements brûlés. Le milieu du tumulus était occupé par une grande ciste en pierre, longue de 2.1 m., renfermant un squelette et une épingle en bronze. Trois autres tombeaux contenant des ornements brûlés furent aussi découverts dans le tumulus (St. M. 3987. Voir le N:o 127).

200. Pincette en bronze. — Trouvée dans un vase d'argile déposé dans un tumulus à Hönnarp, Halland. (St. M. 2548).

201. Pincette en or. — Vemige, Halland. (St. M. 1790).

202. Hameçon en bronze. — Trouvé avec le N:o 182.

203. Lancette phlébotomique (?) en bronze. — Skåne. Trouvée parmi des ornements brûlés dans un vase d'argile. (Lunds M. 3412).

204. Alène en bronze. — Tumulus de Nöbbelöf, Sk. Dans le même tumulus furent aussi recueillis: deux couteaux, une pincette (= fig. 200), une pointe de flèche (= fig. 171), en bronze. (St. M. 3270).

205 et 206. Aiguilles en bronze. — Trouvées avec une épingle et une épée en bronze, à Heag, Sk. (Lunds M. 3109, 3110).

207 et 208. Cuist et petite masse en bronze. — Trouvés avec le N:o 182.

209. Moule en trapp pour la fonte de 4 scies (= fig. 182). — Uditsbide, Sk. On dit qu'une hache en pierre a été trouvée à la même place. (St. M. 3217, 100).

210. Moule en pierre, double. Un côté a servi à la fonte de deux couteaux; l'autre côté à celle de trois scies (= fig. 182). — Skåne. (Musée du collège de Christianstad).

211. Les deux parties d'un moule en pierre ollaire pour celts à douille. — Hällelöf, Sk. (St. M. 1518).

212. Moitié de moule en bronze pour celts à douille. — Gersvede, Gotland. (St. M. 4916).

213. Épingle en bronze, longue de 0.135 m. — Bohuslän. (St. M. 2804).

214. Épingle en bronze. — Gräugärd, Öland. (St. M. 1343).

215. Épingle en bronze. — Trouvée, à 1 m. de profondeur, dans une tourbière à Irgestorp, près de la ville de Kongelf, Bohuslän. A la même place furent aussi recueillis: 1 lance, 2 celts à douille, le tranchant d'un troisième celt, 4 fragments de scies (= fig. 182), 1 alène (= fig. 204), 3 couvercles (fig. 246), 4 colliers tordus, 4 fibules

(= fig. 273; l'ornement d'une fibule est reproduit au N:o 224), un celt, etc., en bronze. (St. M. 845). — Un grand vase à suspension = fig. 218. (St. M. 453) provient probablement de la même place.

216. Épingle en bronze, longue de 0.366 m. Gotland. (St. M. 643).

217. Épingle en bronze. — Trouvée avec le N:o 188.

218 a. Épingle en bronze. — 218 b. Vue latérale. — Trouvée avec le N:o 114.

219. Épingle en bronze. Skåne. (St M. 3765).

220 a. Épingle en bronze, à cylindre creux. — 220 b. Vue latérale. Skåne. (St. M. 3765).

221. Fibule en bronze. — Hagestad, Sk. (St. M. 2791. 213).

222. Fibule en bronze. — Bläsyarp, Sk. (St. M. 2519).

223. Fibule en bronze. — Trouvée avec le N:o 114.

224. Ornement de fibule en bronze, de la forme de la figure 273. — Voir le N:o 215.

225. Bouton en bronze. Thorslunda, Öland. (St. M. 1304, 1231, 84).

226. Ornement en bronze, formé de trois disques circulaires trien-minces. — Trouvé sous une grande pierre à Ekes, Gotland. A la même place furent recueillis: une lance, un couteau (= fig. 190 à 192), une alène (= fig. 204), un bouton (= fig. 225) et 10 petits anneaux, de 18 m. m. de diamètre, le tout en bronze. (St. M. 4583).

227. Collier tordu en bronze. — Trouvé avec le N:o 144.

228. Collier en bronze. — Trouvé, à 1.8 m. de profondeur, avec quelques fragments d'un autre collier en bronze, dans une tourbière à Tjeräg, Halland. (St. M. 2686).

229. Collier en bronze. Il est encore très-élastique. — Trouvé dans un marais à Vedäsla, V.-Götl. (St. M. 1291).

230. Collier en bronze. — Trouvé avec le N:o 150.

231. Collier en bronze. Il ne s'ouvre pas. — Trouvé, à 0.3 m. de profondeur, dans une tourbière à Fagerhbro, Halland. A la même place furent recueillis en outre 2 colliers pareils à la fig. 227. (St. M. 4278).

232. Partie d'un grand collier en bronze pareil à la fig. 231. — Trouvé, avec un grand vase à suspension (= fig. 218), dans un marais à Bjurvik, Småland. (St. M. 4323).

233. **Collier creux** en bronze. N'œuvre en enlevant la partie A. – Tourbière à *Vemmerlöf, Sk.* A la même place furent recueillis en outre: 4 autres colliers de cette espèce, 3 vases à suspension (= fig. 217 et 218), un petit couvercle (= fig. 246), la lame d'un couteau, 3 celts à douille, etc., le tout en bronze. (St. M. 2548).

234. **Bracelet** long en spirale. – Bronze. – Trouvé avec le N:o 158.

235. **Collier** en bronze. – *Forkarby, Uppland.* (Uppa M.)

236. **Bracelet** long, en spirale. Bronze. – Auprès d'une grande pierre à *Hjernils, Sk.* (Lunds M. 6418).

237 *a*. **Bande** mince (collier?) en bronze, travaillée en bosselage. 238 *b*. Partie de la bande. – Trouvée avec le N:o 111.

238. **Bracelet** en bronze. – *Mickelbys, Gotland.* A la même place furent recueillis: 3 colliers tordus (= fig. 227), 36 fragments de colliers semblables et un celt à douille, en bronze. (St. M. 2962).

239. **Diadème** en or. – Trouvé avec le N:o 133.

240. **Bracelet** en or. – Trouvé, avec 4 spirales doubles en or (= fig. 242), auprès d'une grande pierre à *Skärje, Bohuslän.* (St. M. 2072).

241. **Bracelet** (?) massif en or, du poids de 187 grammes. – *Qvistofta, Sk.* (St. M. 769).

242. **Bracelet** en bronze. – Trouvé avec le N:o 189.

243. **Spirale** double en bronze. – Trouvée avec le N:o 144.

244. **Peigne** en bronze. – Cairn à *Tödje, Halland.* A la même place furent recueillis: une épée symbolique (ou petit poignard), la lame d'un couteau et une alène (fig. 204), le tout en bronze. (St. M. 1796).

245. **Fragment d'étoffe de laine.** – Trouvé avec le N:o 165.

246. **Couvercle** en bronze. Il a probablement appartenu à un vase de la même forme que la figure 248. – Trouvé avec le N:o 215.

247. **Vase à suspension** en bronze. L'usage inconnu. – 250. Partie du fond. *Herrestad, Sk.* A la même place furent recueillis des fragments d'un autre vase de la même forme. (Lunds M. 3623).

248. **Vase à suspension** en bronze. – 251. Partie du fond. – Trouvé, à 1.8 m. de profondeur, dans une tourbière à *Senäte, V.-Götl.* A la même place furent recueillis: un autre vase de la

même forme, un petit couvercle (= fig. 246), une fibule (= fig. 223), un collier (= fig. 224), un collier (= fig. 221), et deux autres colliers, tous en bronze. (St. M. 1580).

249. **Vase d'or**, de 70.1 grammes de poids.

252. **Partie du fond.** – Trouvé près d'une dalle, à 0.15 m. de profondeur; *Sirre, Halland.* (St. M. 2604).

250 et 251. Voir les N:os 247 et 248.

252. Partie du fond d'un vase en bronze, pareil à la fig. 248. – Trouvé, avec un petit couvercle (= fig. 246), etc., au-dessous d'un cairn à *Thorstorp, Smäland.* (St. M. 1452. 209).

253. Voir le N:o 249.

254. **Ornement** en bronze autour d'un grand vase en bois. Le fond est en bronze. – Tourbière à *Balkåkra*, près de la ville d'Ystad, *Sk.* (St. M. 1461).

255. **Chariot** en bronze, qui a porté un grand vase de bronze, destiné au culte. La figure est complétée à l'aide d'un chariot pareil, trouvé en Mecklembourg. – Il fut découvert, en 1855, dans une tourbière tout près de la ville d'*Ystad, Sk.* (St. M. 2791).

256. **Vase d'argile.** – Trouvé dans un des tumuli de *Dömmestorp, Halland.* Le vase, entouré de petites dalles, contenait, outre des ossements brûlés, 1 couteau (= fig. 190), 1 alène (= fig. 204) et 1 bouton (fig. 195), tous en bronze. – Au milieu du tumulus était une ciste en pierre, longue de 1.36 m., qui ne contenait qu'un tutulus en bronze (= fig. 180), mais aucune trace d'ossements. On découvrit en outre, dans le même tumulus, une petite ciste en pierre et un vase d'argile, tous les deux remplis d'ossements brûlés. (St. M. 4164. Voir le N:o 127).

257. **Vase d'argile.** – Trouvé dans l'un des tumuli de *Dömmestorp, Halland.* Le vase, entouré de petites dalles, contenait des ossements brûlés, 1 alène (= fig. 204) et un fragment de scie (= fig. 182), en bronze. – Près de cette urne on découvrit un autre vase d'argile, placé dans une petite ciste en pierre, et contenant des ossements brûlés, 1 alène et 1 couteau (= fig. 190) en bronze. Au milieu du fond du même tumulus, on trouva une quantité de charbons et quelques ossements brûlés; sans doute la place où le corps du défunt avait été brûlé. (St. M. 4169. Voir le N:o 127).

258 et 259. **Vases d'argile.** – Trouvés, tout près de 3 autres urnes cinéraires, à 0.6 m. au-dessous de la surface du sol, à *Köpinge, Sk.* Ils n'étaient pas couverts de tumulus. Chacune

DESCRIPTION DES FIGURES.

des sept urnes, entourée de petites dalles, conte- | brûlés. — On découvrit dans le même tumulus
nait des ossements brûlés et quelques objets en | deux autres urnes et une petite dalle en pierre,
bronze (un couteau, une scie, une alène, etc. | toutes les trois renfermant des ossements brûlés.
St. M. 3220). | (St. M. 1168. Voir le N:o 127).

260. Vase d'argile. - Trouvé dans l'un des | 261. Vase d'argile. - Trouvé dans un tu-
tumuli de *Dömmestorp, Halland*. Le vase, entouré | mulus à *Ittlelöf, Sk.* Le vase contenait des
de petites dalles, ne contenait que des ossements | ossements brûlés et une épingle en bronze. (St. M.).

1.

ABRÉVIATIONS:

m. = mètre.

Lunds M. = Musée des antiquités de l'université de Lund.
St. M. = Musée national (musée des antiquités suédoises) à Stockholm.
Upps. M. = Musée des antiquités de l'université d'Upsal.

Sk. = Skåne (Scanie).
V.-Götl. = Vestergötland (Vestrogothie).
Ö.-Götl. = Östergötland (Ostrogothie).